더 공평하게 더 건강하게

세계 학교급식 여행

글 안드레아 커티스 Andrea Curtis

집 뒤뜰의 조그만 텃밭에서 시간을 보내는 것과 케일과 토마토를 새롭게 요리하는 방법을 생각해 보는 것을 사랑합니다. 도시 정치에서부터 행방불명된 난파선에 이르기까지 온갖 것에 관해 글을 썼으며, 캐나다국제잡지상(Canadian National Magazine Awards)과 국제종교잡지상(International Regional Magazine Awards)을 수차례 수상한 바 있는 작가이자 편집자입니다. 현재 그녀는 어린이들에게 글짓기를 가르치고 있으며, 토론토에 있는 비영리단체인 스톱커뮤니티 푸드센터(The Stop Community Food Centre)에서 자원봉사자로 일하고 있습니다. 그녀의 첫 어린이 책인 《더 공평하게, 더 건강하게 세계 학교 급식 여행》은 출간되자 마자 비평가들의 찬사를 받았습니다.

오진희

강화도에서 농사를 지으며 아이들을 위한 글을 쓰는 작가입니다. 작가 스스로 자연을 지키며 자연 속에서 살아가면서 실제 체험하고 느낀 감성을 바탕으로 우리 사회가 급격한 산업화로 인하여 너무 쉽게 버렸던 산과 냇물, 마을들에 대한 이야기를 글로 쓰고 있습니다. 쓴 책으로는 《짱뚱이의 나의 살던 고향은》《상추쌈 명상》《엄마 아빠 어렸을 적에 시리즈》《자연을 먹어요》 등이 있습니다.

그림 소피 캐손 Sophie Casson

대학에서 그래픽디자인을 전공하였습니다. 여러 예술전문잡지에서 일러스트로 수상한 바 있으며, 요가, 카야킹, 실내암벽등반을 즐깁니다. 그녀는 그래피티, 스텐실 아트, 언더그라운드 포스터 등의 다양한 분야를 넘나들며 자유롭게 작품 활동을 하고 있습니다.

사진 이본 데이핀푸어딘 Yvonne Duivenvoorden

뉴브런즈윅 주 샬루어만 지역의 낙농 농장에서 성장했습니다. 그녀의 어머니는 저녁 식사를 준비하는 냄비에 감자 몇 개를 더 추가하여, 식사 후 남는 감자를 얇게 썰어 튀긴 것을 다음 날 이본의 점심으로 싸 주었습니다. 감자와 농장에서 짠 신선한 우유 한 병이 이본이 바랄 수 있는 최고의 점심이었습니다. 현재 이본은 토론토에서 사진가로 활동하고 있습니다.

인문학 놀이터 3

더 공평하게 더 건강하게

세계 학교급식 여행

안드레아 커티스 · 오진희 글
소피 캐손 그림 | 이본 데이핀푸어딘 사진

내인생의책

추천의 글

학교급식은 문화와 역사의 산물이며, 그 나라의 경제 사정을 반영하기 때문에 각 나라마다 학교급식이 다르다고 이 책은 말합니다. 그래서 선진국은 물론 개발도상국을 포함한 전 세계 16개 나라의 학교급식의 생생한 현장을 소개하면서 세계 여러 나라의 학교급식에 대해 알려 줍니다.

우리는 이 책을 통해 어떤 학생들에게는 학교급식이 배고픔을 해결할 수 있는 유일한 수단이 되는 나라도 있고, 학교급식을 통해 음식과 농업의 가치에 대해 교육하는 나라도 있다는 사실을 알게 됩니다. 또한 학생 스스로 학교급식을 건강하게 바꾼 사례를 통해 우리 스스로 건강한 음식을 먹을 권리를 찾아야 한다는 것도 배우게 되지요.

그렇다면 우리나라의 학교급식은 어떨까요? 우리나라 학교급식은 외국과 비교해 뛰어난 품질을 자랑합니다. 하지만 교육과 권리 보장 측면에서는 여전히 부족하지요. 만약 우리나라 학교급식이 아래처럼 개선된다면 우리는 좀 더 행복한 학교급식을 만나게 되지 않을까요?

첫째, 급식에 다양성이 존재해야 해요. 현재 우리나라의 학교급식은 지나치게 획일화되어 있습니다. 모든 학교가 음식을 공급하는 방식, 식판, 식사 시간, 식사 모습 등이 거의 비슷하지요. 일부 학교에서는 채식주의자를 위한 채식 식단도 두어 선택할 수 있게 합니다. 하지만 몇 안 되는 시범 학교에서만 볼 수 있는 풍경이지요. 학생들의 수요를 고려한 다양한 형태의 급식이 더욱 확산되어야 합니다. 필요하다면 일본처럼 학생들이 급식 과정에 참여하는 방식도 검토할 필요가 있지요.

둘째, 학교급식과 음식 교육이 병행되어야 해요. 학교급식에 교육을 연계하면 학생들이 음식의 중요성과 소중함을 더 잘 느낄 수 있어요. 교육이 계기가 되어 음식이 우리에게 오기까지 땅, 물, 농사, 동물, 농민, 조리사 등이 얼마나 중요한지 알게 되면 음식을 함부로 대하지도 않겠지요. 영국처럼 학생들이 텃밭에서 채소를 키워 급식에 사용하게 하는 것도 하나의 방법일 수 있지요.

셋째, 학교급식에 대한 학생들의 권리를 보장해야 해요. 우리나라에서는 학생들에게 제공하는 음식의 양과 영양, 식품 안전에만 주로 초점을 맞추고 있어요. 학생들이 식단을 선택할 권리나 넉넉한 식사 시간은 전혀 고려 대상이 아니지요. 학생들에게도 똑같은 식단이 아니라 식단을 선택할 권리와 넉넉한 점심시간을 주어야 합니다. 음식을 먹으면서 즐거움을 누릴 수 있어야 하니까요. 학생들이 음식을 먹는 데 집중할 수 있도록 식사하는 데만 45분의 시간을 주는 프랑스 학교의 사례는 우리에게 시사하는 바가 매우 크지요.

이 책을 통해 어린이들은 세계 곳곳에 있는 또래 친구들이 무엇을 먹는지 앎과 동시에 다른 나라의 식생활을 통해 문화도 배울 수 있어요. 또한 식생활에 대한 권리를 찾기 위해서는 능동적으로 행동해야 한다는 것 역시 배울 수 있지요. 더불어 급식정책담당자, 교사, 학부모들도 이 책을 통해 우리나라 학교급식을 되돌아보는 시간을 가질 수 있을 거예요.

이 책이 우리나라 학교급식과 급식 문화를 향상시키는 교두보 역할을 충분히 해내리라 믿습니다.

경남대학교 사회학과 교수 · 슬로푸드아카데미 교장 김종덕

{ 차례 }

들어가며 세계의 어린이들은 학교에서 친구들과 함께 점심을 먹습니다 ····· 9

- 일본 선생님과 함께 학교급식을 먹어요 ····· 12
- 인도 무상으로 점심을 먹어요 ····· 16
- 프랑스 점심시간이 충분히 길어요 ····· 20

건강한 급식 만들기
패스트푸드는 싫어요 ····· 24
로컬 푸드를 먹고 싶어요 ····· 26

- 멕시코 도시락을 싸 와요 ····· 28
- 케냐 유엔 세계식량계획에서 점심을 지원받아요 ····· 32
- 캐나다 점심 종류가 아주 다양해요 ····· 36
- 브라질 학교급식은 건강한 먹거리 제공을 위한 국가 정책이에요 ····· 40

건강한 급식 만들기
놀이로 먹거리 세계를 배워요 ····· 44
기후 변화에 대처해요 ····· 46

　　🇷🇺 러시아 학교에서 패스트푸드와 탄산음료를 금지해요 ····· 48
　　🇵🇪 페루 오전에 간식 시간이 있어요 ····· 52
　　🇺🇸 미국 3,100만 명 이상의 어린이들이 학교급식을 먹어요 ····· 56
　　🇦🇫 아프가니스탄 학교급식으로 비스킷을 먹어요 ····· 60

건강한 급식 만들기
수확에 대한 기쁨과 감사를 배워요 ····· 64
생명의 텃밭을 가꿔요 ····· 66

　　🇬🇧 영국 어린이 비만 문제 해결을 위해 학교급식이 확 바뀌었어요 ····· 68
　　🇨🇳 중국 학교에 오래 머물며 학교급식을 먹어요 ····· 72

건강한 급식 만들기
학교급식의 권리를 찾고 싶어요 ····· 76
세계에서 가장 안전하고 맛있는 우리나라 급식 만들기 ····· 80

먹거리에 대해 좀 더 알아보기 ····· 88
용어 설명 ····· 92

지구를 보호하며 학교급식을 더 공평하고 더 건강하게 만들기 위해 애쓰고 있는 전 세계 착한 사람들에게 이 책을 바칩니다.
―안드레아 커티스

들어가며

세계의 어린이들은 학교에서 친구들과 함께 점심을 먹습니다

탄자니아에서는

선생님이 나무에 매달린 자동차 타이어를 두드려 점심시간을 알립니다. 타이어의 금속 부분을 돌로 두드리기 때문에 아주 큰 소리가 나지요. 학생들은 그 소리로 점심시간임을 알게 된답니다. 캐나다에서는 점심시간마다 스피커에서 벨 소리가 크게 울려 퍼져요. 그러면 어린이들은 점심이 차려진 체육관으로 달려갑니다.

학교가 커다란 바난나무 아래 먼지투성이 텐트로 되어 있든지, 대도시에 튼튼한 벽돌 건물로 되어 있든지 학교의 겉모습과는 상관없이 모든 어린이는 건강한 점심을 먹어야 합니다. 좋은 음식은 생명을 이루는 기본 요소 중 하나로 우리의 몸과 두뇌에 양분을 주기 때문이에요.

세계가 긴밀히 연결되면서 먹거리는 거대하고 복잡한 하나의 구조를 이루며 지구에 큰 영향을 주는 요소가 되었어요. 먹거리를 길러 가공하고 수송하고 판매하는 것이 사람과 지구에 큰 영향을 미치게 된 것이지요. 학교 급식을 살펴보세요. 먹거리가 기후 변화, 건강, 불평등과 같은 인간에게 중요한 문제들과 연결되어 있다는 것을 깨달을 수 있어요.

가령 어떤 어린이들의 집에는 먹을 것이 전혀 없을 수도 있어요. 전쟁, 이주, 가난, 자연재해로 인해 전 세계적으로 매일 6,600만 명의 어린이들이 빈 배를 움켜쥐고 학교에 가지요. 이런 어린이들에게는 무상 급식이 생명줄과도 같습니다. 일단 음식을 먹어야 수업에 집중할 수 있어요. 그리고 배워야 자신과 가족을 위해 더 나은 미래를 만들어 나갈 기회도 생길 수 있어요.

반대로 충분한 음식을 먹고도 잘못된 식습관으로 비만이 되는 어린이들도 있어요. 전 세계적으로 10억 명 이상이 과체중이며, 식생활과 관련한 심각한 질병을 앓고 있어요. 이 어린이들은 주로 당뇨병과 심장병을 앓고 있고, 심한 경우 소아암에 시달리게 되지요.

　어린이들의 점심은 그 나라의 문화와 역사를 비롯한 많은 것을 알려 줍니다. 어린이들의 점심을 통해 각 나라의 음식과 그 음식에 담긴 이야기를 알 수 있어요. 또한 건강한 점심을 먹을 권리를 찾고자 학교를 변화시키는 일들이 결국에는 지구에도 도움이 된다는 사실을 깨닫게 되지요.

　이제부터 전 세계 어린이들이 어떤 점심을 먹는지 살펴볼까요? 다른 나라 어린이들이 학교에서 점심으로 무엇을 먹는지 살펴보는 것만으로도 얼마나 많은 것을 배울 수 있는지 깜짝 놀라게 될 거예요.

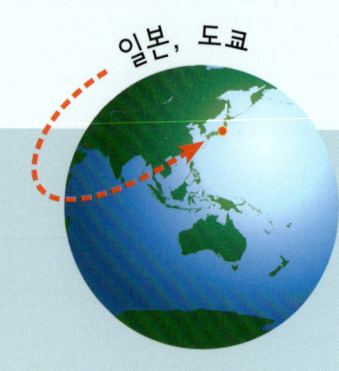
일본, 도쿄

선생님과 함께
학교급식을 먹어요

　어린이 다섯 명이 교실 앞쪽에 있는 긴 테이블 뒤에 서 있어요. 이 어린이들은 오늘 반 친구들에게 점심을 나눠 줄 당번이에요. 빳빳한 흰색 모자와 마스크를 쓰고 하얀 위생복을 입고 커다란 국자를 들고 있어요.

　오늘의 급식 메뉴는 쌀밥, 미소국, 전갱이 구이예요. 반 친구들이 점심을 먹으려고 줄지어 섭니다. 후식으로 우유가 나오고, 때때로 오렌지나 사과가 나오는 경우도 있어요. 알레르기가 있는 학생들은 다른 메뉴를 선택할 수 있지요. 하지만 그렇지 않은 학생들은 학교 조리실에서 만든 똑같은 식단의 학교급식을 먹어야 해요.

　반 친구들은 급식 당번이 자리에 앉을 때까지 기다려요. 모두가 점심 먹을 준비가 되었을 때 다 함께 식사를 시작하지요. 학생들은 천으로 된 식탁 매트 가장 위쪽에 젓가락을 가지런하게 올려놓아요. 일본 어린이들은 다섯 살만 되어도 젓가락을 별 어려움 없이 사용할 수 있어요. 그다음에는 손을 앞으로 모아 손뼉을 치면서 "이타다키마스!"라고 일제히 외칩니다. 이 말은

"잘 먹겠습니다!"라는 뜻으로 식사를 준비한 모든 사람들에게 감사의 마음을 표하는 것이에요.

교장 선생님을 비롯해 모든 선생님들이 학생들과 함께 교실에서 점심을 먹어요. 모두가 함께 똑같은 음식을 먹는 것이지요. 수학이나 체육 수업만큼 점심시간도 중요해요. 함께 점심을 먹으며 예절과 청결한 습관을 익힐 수 있으니까요. 점심 식사를 마치면 "고치소사마데시타!"라고 외치며 다시 한 번 감사를 표합니다. 이 말은 "잘 먹었습니다!"라는 뜻이에요.

초등학교에서 중학교까지 모든 학생들이 먹는 학교급식을 '큐쇼쿠'라고 불러요. 고등학교 학생들은 학교 식당에서 음식을 사 먹거나, 도시락을 싸 옵니다.

점심 식사가 끝나면 모두 함께 식탁을 치우고, 교실을 청소해요. 남은 음식과 식기들은 조리실로 다시 옮기고요. 대부분의 일본 학교에는 청소부가 없어요. 학생들이 교실과 복도를 깨끗하게 청소하기 때문이지요.

일본 어린이들의 점심을 살펴볼까요?

일본은 아시아 대륙 동쪽에 있는 여러 개의 섬으로 이루어진 나라입니다. 큰 섬인 홋카이도, 혼슈, 시코쿠, 규슈를 중심으로 북동에서 남서 방향으로 늘어서 있지요. 일본어를 사용해요.

1 일본 어린이들이 일본 문화와 전통을 멀리하고 있다는 연구 결과가 나왔어요. 한 고등학교는 이런 현상을 걱정해서 입학시험에 젓가락 사용 실기를 추가했어요. 응시자들은 콩과 주사위부터 공깃돌까지 주어진 모든 것을 한 접시에서 다른 접시로 옮겨야 하지요.

2 학교에서는 학생과 학부모들에게 한 달 치 급식 식단을 미리 보여 줍니다. 여기에는 식재료별 영양소와 열량이 적혀 있어요. 또한 해당 식재료의 원산지 및 특정 식재료가 학생들에게 어떤 영향을 주는지에 대한 정보도 담겨 있어요. 예를 들어 이 미소국에 든 해초와 두부가 어떻게 몸에 좋은지를 알려 주지요.

3 섬나라인 일본의 학생들은 매년 자신의 몸무게와 맞먹는 양의 해산물을 먹어요. 급식으로 전갱이, 연어, 정어리를 비롯해 단백질이 풍부하다고 알려진 고래고기까지 나오는 학교도 있지요. 하지만 고래고기가 학교 급식으로 나오는 것에 대한 논란이 있어요. 멸종 위기종을 보호하기 위해 1986년 상업적 고래잡이가 금지되었기 때문이지요. 학교급식으로 나오는 고래고기는 연구 목적으로 잡은 고래라고 해요. 고래고기는 다져서 굽거나 빵가루를 입힌 뒤 튀겨서 학생들에게 제공되어요.

4 일본은 한때 세계에서 가장 건강한 나라 가운데 하나였어요. 하지만 오늘날 비만과 당뇨 같은 병이 증가하고 있어요. 세계 다른 나라처럼 햄버거와 감자튀김이 인기를 얻으면서 전통 식단이 바뀌고 있기 때문이에요. 아직까지는 쌀이 중요한 주식이지만, 그 소비량은 무척 적어요. 오늘날 일본 어린이들이 먹는 쌀의 양은 1960년대 초 할아버지, 할머니들이 먹던 양의 절반에도 미치지 못한답니다.

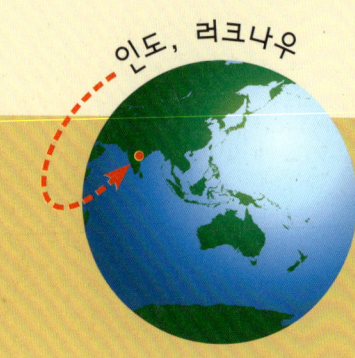

인도, 러크나우

무상으로 점심을 먹어요

지역 단체에서 나온 여성들이 오전 내내 더운 부엌에서 일하고 있어요. 인도 북부 러크나우 시 외곽의 이 조그만 공립 학교에서는 지금 점심 식사 준비가 한창입니다. 이 여성들은 커다란 솥에 밥을 지어 녹두 카레를 곁들여 학생들에게 점심을 나누어 줍니다. 어떤 학생들은 집에서 가져온 접시나 대접에 음식을 받아서 먹습니다. 하지만 그릇조차 가져올 여유가 없는 학생들은 휴대용 칠판이나 공책 위에 종이를 얹고 그 위에 음식을 받아요.

이 학교의 학생들은 바깥에서 점심을 먹습니다. 학교 운동장 땅바닥에 쪼그리고 앉아 손으로 음식을 먹어요. 많은 인도인들이 손으로 음식을 먹으면 더 맛있다고 이야기합니다. 하지만 음식을 먹을 때는 오른손만 써야 해요. 왼손은 화장실에서 사용하는 손이기 때문이지요.

인도 공립 학교에서는 14세 이하의 모든 어린이는 무상으로 점심을 먹을 수 있어요. 인도의 이 무상 급식을 '한낮의 식사(Mid-Day Meal Scheme)' 프로그램이라고 불러요. 어떤 어린이들에겐 이 점심이 하루에 먹는 유일한 식사이지요. 인도 경제가 많이 성장했지만 아직도 2억 3,000만 명이 굶주림에 시달리고 있어요. 세계 어느 나라보다 많은 어린이들이 굶고 있지요. 매일 영양실조로 죽는 사람도 인도에서만 2~3,000명에 달합니다.

  학교에서의 무상 급식은 단순히 굶주린 배를 채우는 것보다 더 큰 의미가 있어요. 학교 출석률을 높이고 문맹률을 낮추는 데에 기여하고 있기 때문이에요. 학생들에게 점심을 무상으로 준다고 하면 가난한 사람들이 아이들을 학교에 더 많이 보내려고 해요. 이 혜택은 여자아이들에게 더욱 큽니다. 집안 형편상 모든 자식을 가르칠 수 없어 아들만 학교에 보내던 집에서도 딸을 먹이기 위해 학교에 보내기 때문이에요.

인도 어린이들의 점심을 살펴볼까요?

 인도는 남부 아시아에 있는 나라로 정식 명칭은 인도 공화국입니다. 1857년부터 영국의 지배를 받다가 1950년에 독립했어요. 세계에서 두 번째로 인구가 많고, 힌두어와 영어를 사용하지요. 전체 인구의 80퍼센트가 힌두교를 믿습니다.

1 학교에서 나눠 주는 점심에는 채소를 포함해야 한다는 규정이 있어요. 하지만 이 사진 속 점심에서는 채소를 전혀 찾아볼 수 없네요. 채소를 구입할 여력이 없는 학교가 많기 때문이에요. 녹색 채소나 콩처럼 철분이 풍부한 음식을 섭취하지 못해 무상 급식을 먹는 인도 어린이들의 70퍼센트가 빈혈에 시달리고 있어요. 빈혈에 걸리면 집중력과 기억력이 떨어지고, 머리가 자주 아프게 되지요. 쉽게 피로감을 느끼는데다 신체 조정 능력도 떨어지게 된답니다.

2 인도 인구 중 80퍼센트가 힌두교를 믿어요. 힌두교에서는 소를 신성하게 여겨요. 그래서 힌두교도들은 쇠고기를 먹지 않아요. 인도 사람들은 고기 대신 단백질, 철분, 식이섬유가 풍부한 '달'을 먹어요. 사진 속 음식이 바로 달이에요. 달은 녹두나 완두콩을 향신료와 함께 요리한 것이에요. 인도에서 가장 보편적인 음식이지요.

3 인도는 빈부 격차가 심해요. 무상 급식을 지지하는 사람들은 어린이들 급식에 관심을 기울일수록, 부모가 누구인지, 어디에 사는지 같은 이야기가 덜 중요하게 될 거라고 주장해요. 또한 인도 정부는 학교 조리실에 가난한 사람들을 채용하도록 권고하고 있어요. 이런 정부의 활동이 일자리를 제공하고 차별을 없애는 데 실제로 도움이 되고 있지요.

프랑스, 낭트

점심시간이 충분히 길어요

　루아르밸리에 있는 학교 식당 벽은 다채로운 벽화로, 천장은 예술 작품으로 장식되어 있어요. 학생들은 학교 식당에 있는 원형 테이블에 몇 명씩 둘러앉아 학교급식을 먹습니다. 학생들이 식사하면서 조잘거리는 소리로 어느새 식당이 떠들썩해져요.

　조리사들은 그 지역에서 기른 신선한 채소와 과일을 사용하여 학교 조리실에서 급식을 만듭니다. 급식은 보통 네 가지 코스로 이루어져요. 훈제 오리고기와 보스턴 상추가 들어간 샐러드에서 채소를 곁들여 구운 닭고기나 생선 요리로 이어집니다. 그다음으로는 치즈가 나오고 마지막으로는 신선한 과일이, 때로는 타르트가 나오기도 해요. 이 맛있는 급식의 비용은 정부와 학부모가 나눠서 부담합니다. 가족 소득에 따라 급식 값을 다르게 내지요.

　점심시간은 약 45분으로 학생들이 천천히 식사를 할 수 있어요. 학생들은 따뜻하게 데워진 도자기 접시와 제대로 된 나이프, 포크, 스푼을 사용해요. 점심 식사를 감독하는 어른들은 식당을 돌면서 학생들이 식단에 대해 물어볼 때마다 답을 해 주지요. 음식을 남기지 않도록 지도도 하고요.

프랑스 학교 식당에서는 학생들이 더욱 맛있는 식사를 즐길 수 있게 모든 것을 제대로 준비합니다. 식당 장식부터 좋은 그릇까지 말이에요. 이런 것들은 음식의 맛을 제대로 느끼게 하는 요소이지요. 프랑스 사람들은 단순히 배고픔을 덜기 위해서 먹는 것이 아니라 정신적 즐거움을 얻고자 먹는 것으로 생각합니다. 그래서 음식의 맛, 향, 색깔을 모두 중시하지요.

학생들은 학교에서 맛과 관련된 특별 수업을 받아요. 혀의 구조에서부터 시대에 따라 맛이 어떻게 변해 왔는지 등 맛에 관한 다양한 주제들에 대해 배우지요. 또한 매년 10월에는 나라 전체가 '맛의 주간'을 기념합니다. 이 기간 중에는 유명 요리사들이 어린이와 어른 모두에게 음식에 관련된 강연을 하지요.

프랑스 어린이들의 점심을 살펴볼까요?

프랑스는 지중해와 대서양 사이에 위치한 나라입니다. 유럽에서 세 번째로 크지요. 국토의 모양은 육각형에 가깝고 3면은 바다, 3면은 산으로 둘러싸여 있어요. 프랑스어를 사용하고, 국기는 파란색, 흰색, 붉은색으로 이루어져 있는데 각각 자유, 평등, 박애를 상징하지요.

1 프랑스빵인 바게트는 껍질은 바삭바삭하고 속은 촉촉하고 부드럽기로 유명해요. 프랑스 사람들은 빵을 너무나 좋아한 나머지, 끝이 없어 보이는 것을 말할 때 "빵이 없는 날처럼 길다."라고 말합니다. 18세기 후반에 일어난 프랑스 혁명도 빵 때문에 일어났다고 해도 과언이 아닙니다. 곡물 가격이 상승하면서 가난한 사람들이 주식인 빵을 살 수 없다는 분노에서 혁명이 시작된 것이니까요.

2 프랑스인들은 최소 300가지가 넘는 종류의 치즈를 만들어 냈습니다. 치즈는 제각각 독특한 맛과 제조법을 가지고 있어요. 프랑스 북부에서 생산되는 뷰블로뉴 치즈는 표면에 맥주를 끼얹어 만드는 게 특징이에요. 맛은 순하지만 전 세계에서 가장 고약한 냄새가 나는 치즈로도 유명하지요.

3 프랑스에서는 학교급식으로 닭고기처럼 지방이 적은 육류가 나와요. 학생들은 적당한 가격으로 매일 건강한 먹거리를 먹을 수 있어요. 또한 프랑스 어린이들은 영양 교육을 받아요. 프랑스의 과체중 어린이의 수가 유럽에서 가장 적은 편이라는 사실은 어찌 보면 당연한 일일지 몰라요.

4 학교급식에서는 물만 마실 수 있어요. 학생들이 달콤한 주스만 마시지 않게 하려는 거예요. 2005년에 프랑스 정부는 학교 안에 탄산음료와 스낵류를 파는 자동판매기 설치를 금지시켰어요.

건강한 급식 만들기
패스트푸드는 싫어요

위스콘신 주 메디슨 시에 있는 누에스트로 문도 초등학교 4학년 학교 식당에서 판매하는 햄버거에서 기름이 얼마나 많이 나오는지 측정하는 실험을 하였습니다. 햄버거에서 나온 기름이 번들거리며 쟁반의 반을 채우자, 학생들은 깜짝 놀랐어요. 당장 학교 식단을 개선해야 한다고 생각했지요. 우선 식단에 신선한 과일과 채소의 비중을 늘리고, 일회용 포장재를 줄여야 한다고 주장했어요. 그리고 다양한 문화를 반영해 남미식 쌀밥과 콩 요리, 중국식 국수 같은 음식이 추가되기를 원했지요.

결국 이 학교 학생들은 급식 거부 단체(BCSL : Boycott School Lunch)를 결성했습니다. 그리고 제일 먼저 학교와 학생들에게 건강한 점심 식단이 어떤 것인지 보여 주기로 했어요. 급식 거부 단체는 다 같이 소풍을 가서 각자가 가져온 음식을 함께 나눠 먹으며 평화적 시위를 벌이기로 했어요.

하지만 학교 이사회는 급식 거부 단체에 소풍을 취소해 달라고 요청했지요. 혹시나 학생들이 다칠까 봐 걱정스럽다는 이유에서였어요. 급식 거부 단체 학생들은 마지못해 동의했지만 건강한 먹거리를 위한 시위를 멈추지 않았어요. 학생들은 학교 이사회에 급식 식단을 바꿔 달라고 계속해서 편지를 보냈어요. 그해 가을 학기가 시작되자 학교 식당의 점심 식단이 조금 나아졌어요. 그리고 10월에는 학교 이사회가 점심 식단을 대폭 개선하겠다는 계획을 발표했어요. 이 학교의 4학년 어린이 활동가들이 승리를 거둔 것이지요.

이 학생들만 건강하지 않은 음식에 반기를 든 것이 아닙니다. 다른 어린이들도 학교 식당에서 파는 패스트푸드와 탄산음료, 과자 등이 얼마나 건강에 해롭고 환경을 오염시키는지에 대해 많은 관심을 기울였어요. 학생들은 스스로 학교 점심을 거부하는 운동과 페이스북 청원을 비롯해 평화적인 시위들을 시작했어요. 그러니까 어떻게 학교, 교사, 정치인 들이 이 문제에 관심을 갖지 않을 수 있었겠어요? 건강한 먹거리가 맛이 없다고요? 그래서 어린 학생들 입맛에는 맞지 않는다고요? 어린 학생들이 건강한 먹거리를 싫어한다는 주장은 편견일 뿐이에요.

건강한 급식 만들기
로컬 푸드를 먹고 싶어요

 이탈리아 북부의 소도시 부도이아에 있는 한 학교 어린이들은 혼란스러웠어요. 학교 점심시간에 먹는 양배추가 네덜란드에서 왔다는 것을 알았기 때문이지요.
 이탈리아에서도 최고 품질의 양배추를 생산하고 있는데 왜 다른 나라에서 생산된 양배추를 먹어야 하는지 이해가 되지 않았어요.
 학교 학생들과 학부모들은 그 이유가 무엇인지 찾기 시작했어요. 그 결과 이 학교의 급식을 다국적 기업이 맡고 있다는 걸 알게 되었지요.
 다국적 기업은 세계 전역에서 식재료를 사들인 뒤 그 식재료를 세계 전역에 팔아요.
 학생들과 학부모들은 학교와 지방 의회의 지지를 받으며 급식 식재료를 바꾸기 시작했어요. 되도록 그 지역 농부들이 생산한 유기농 식재료를 구입하려고 노력했지요. 먼 곳에서 온 농산물보다는 자기가 사는 지역에서 생산된 농산물이 더 신선하다고 생각했기 때문이에요.

현재 부도이아에서는 각 지역의 생활협동조합이 학교급식을 담당하고 있어요. 학교와 학생, 지역민 모두에게 도움이 되기 때문이에요.

학교에서는 환경 친화적으로 재배한 과일과 채소, 올리브 등을 생활협동조합에서 구매해요. 그 결과 농부들은 안정적인 판매처를 갖게 되어 생활이 나아졌어요. 학생들은 현지에서 생산된 맛 좋고 건강에도 좋은 유기농 먹거리를 먹게 되었고요. 지금은 지방 의회 직원들까지 학교 식당에서 점심을 먹는다고 해요.

멕시코, 멕시코시티

도시락을 싸 와요

멕시코시티에 있는 이 학교에 알무에르소(almuerzo) 시간이 찾아왔습니다. 알무에르소는 아침과 점심 사이에 먹는 간단한 식사를 말해요. 제대로 된 점심은 방과 후에 가족들과 함께 먹지요.

학생들은 운동장에 설치된 테이블에 앉아서 알무에르소를 먹어요. 학교에서 급식을 제공하지 않기 때문에 학생 대부분이 집에서 싸 온 음식으로 간단히 먹지요. 보통 멕시코식 샌드위치인 토르타나 옥수수로 만든 타코, 과일, 음료수 같은 것을 먹어요.

교문 밖에는 도시락을 챙겨 가지 않은 자식들에게 알무에르소를 건네주러 온 어머니들의 모습도 보여요. 그리고 노점상도 있어요. 학교 안으로 들어오도록 허가받은 노점상도 있지만, 대부분은 학교 밖 교문 근처에 있어요. 학생들은 노점상에서 달콤한 망고 꼬치나, 고춧가루와 소금을 뿌리고 잘게 썬 과일을 사 먹기도 해요. 하지만 대부분의 학생들은 과자나 탄산음료를 사 먹는답니다.

최근 멕시코 정부는 학교 안 노점상에게 사탕이나 탄산음료, 지방이 많은 과자 등의 판매를 금지시켰어요. 어린이 비만이 증가하는 것을 막기 위해서지요. 운동장에 있는 학생들의 3분의 1이 과체중이거나 비만이거든요. 학부모의 70퍼센트 역시 마찬가지예요.

　멕시코는 개발이 활발히 이루어지면서 농촌의 많은 사람들이 일자리를 찾아 도시로 이주하게 되었어요. 그 결과 옥수수와 콩으로 이루어진 건강한 전통 식단 대신 지방과 당분이 많은 패스트푸드를 많이 먹게 되었어요. 패스트푸드는 빨리 간단히 먹을 수 있을 뿐만 아니라 상대적으로 값도 싸기 때문이에요. 오렌지 맛 탄산음료는 진짜 오렌지 주스보다 값이 싸고, 피자는 신선한 샐러드의 반값이니까요.

멕시코 어린이들의 점심을 살펴볼까요?

멕시코는 한반도 영토의 9배 정도 크기입니다. 북쪽으로는 미국 국경과 남쪽으로는 과테말라와 벨리즈, 서쪽으로는 태평양, 동쪽으로는 멕시코만을 접하고 있어요. 공식 언어는 스페인어지만, 66개의 원주민 언어가 함께 사용되지요. 수도인 멕시코시티는 멕시코의 정치·경제·문화를 주도하며 나날이 성장하고 있어요.

1
멕시코 사람들은 연간 1인당 159리터의 탄산음료를 마셔요. 이는 석유 드럼통 하나를 채울 수 있는 양이에요. 2006년에는 탄산음료에 세금을 부과하려는 시도가 있었지만 성공하지는 못했어요. 정치인들이 가난한 사람들에게 상대적으로 불리한 정책이라고 주장했기 때문이에요. 실제로 가난한 사람들이 값이 싼 탄산음료를 더 많이 소비하거든요.

2
멕시코의 가난한 사람들은 프리홀레스만 먹을 때가 많아요. 프리홀레스는 멕시코 전통 음식으로 콩으로 만든 수프예요. 정부는 저소득층을 위해 자녀를 학교에 보내면 돈을 지원해요. 하지만 멕시코시티 어린이 25명 중 1명은 15세가 되기 전에 학교를 그만두어요. 생계를 돕기 위해 일을 시작하기 때문이지요.

3
멕시코 오악사카 주에서는 차폴리네스를 많이 먹습니다. 차폴리네스는 메뚜기에 레몬즙과 소금, 마늘과 매운 고추를 뿌려 구운 음식이에요. 유엔 보고서에 따르면 곤충은 단백질이 풍부해 건강에 좋을 뿐만 아니라 곤충 포획은 환경에도 해가 되지 않는다고 해요.

4
세계 어느 나라나 과자와 같은 가공식품이 천연식품보다 값이 쌉니다. 자연 그대로의 신선한 먹거리는 빨리 상해서 보관과 운송에 더 많은 비용이 들기 때문이에요. 또한 가공식품의 기본 성분인 옥수수나 대두 같은 농산물 원자재를 재배하는 농민들이 정부로부터 막대한 보조금을 받기 때문이기도 해요. 보조금 덕분에 농부들은 아주 저렴한 가격으로 옥수수를 판매할 수 있어요. 그래서 옥수수로 단맛을 내는 식품 첨가물인 액상과당류의 제품을 만드는 것이 가능해진 거예요. 액상과당은 케첩부터 탄산음료, 시리얼, 스낵류에 이르기까지 우리가 먹는 거의 모든 가공식품에 들어 있답니다.

케냐, 다답

유엔 세계식량계획에서 점심을 지원받아요

다답 난민촌은 케냐와 소말리아 국경 근처에 위치한 세계 최대의 난민촌이에요. 하지만 그곳에도 학교는 있답니다. 교실은 먼지와 모래로 가득하고 벽이 양철로 만들어져 찜통같이 덥지요.

교실마다 100여 명이나 되는 학생들이 모여 앉아 있어요. 이곳에서는 학생 6명이 책상 하나와 교과서 하나를 함께 써야 합니다. 학교는 하나인데 학생들이 많아 여러 개의 학급이 시간대를 달리해서 교실을 나눠 쓰고 있지요.

점심시간이 되면 학생들은 플라스틱 머그컵을 들고 줄지어 서요. 죽을 받기 위해서예요. 이 죽은 유엔 세계식량계획(WFP : World Food Programme)이 보내 준 옥수수와 콩 혼합 분말(CSB)을 물에 풀어 만든 것이에요. 큰 솥에서 끓인 죽을 학부모들이 학생들에게 국자로 퍼 줍니다. 죽은 학생들이 그냥 마실 수 있을 정도로 아주 묽어요.

다답 난민촌에 거주하는 사람들은 대부분이 소말리아 난민이에요. 난민이란 인종, 종교 또는 정치적, 사상적 차이 때문에 핍박을 받아 외국이나 다른 지방으로 탈출한 사람들을 말해요. 소말리아는 1990년대 초부터 내전이 일어나 지금에 이르기까지 폭력 사태가 계속되고 있어요. 그래서 45만 명 이상이 다답 난민촌으로 피신해 왔지요. 그 결과 9만 명이 정원이었던 다답 난민촌은 과밀 상태가 되었답니다.

　다답 난민촌에 거주하는 사람들의 절반가량이 17세 미만이에요. 학교 교육은 꼭 필요하지만 학교에 가지 못하는 학생들이 많아요. 그나마 무상 교육과 무상 급식이 출석률을 높이는 데 도움이 되었지요. 하지만 여전히 어린이들 중 절반은 학교에 가지 못해요. 학교에 학생이 너무 많아 교육 용품이 부족해서 못 가는 어린이도 있고, 생계를 꾸려 나가기 위해 일하느라 못 가는 어린이도 있어요.

　다답 난민촌에는 전기와 위생 시설도 거의 없고, 물도 많이 부족해요. 양철과 방수포로 만들어진 집에서 아주 힘들게 살아가지요. 무엇보다 먹거리를 구하기가 매우 힘들어요. 농작물을 기를 땅이 없기 때문에 난민들은 학교급식과 한 달에 두 번 있는 유엔 세계식량계획의 배급에 의지할 수밖에 없답니다.

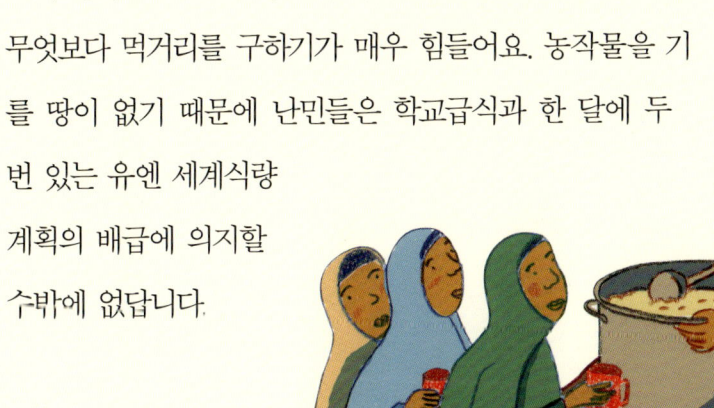

케냐 어린이들의 점심을 살펴볼까요?

케냐는 아프리카 대륙 동부에 있는 나라입니다. 남동쪽으로 인도양, 동쪽으로 소말리아와 접해 있어요. 또한 북쪽으로 에티오피아와 수단, 남쪽으로 탄자니아, 서쪽으로는 우간다와 접해 있지요. 야생 동물들이 서식하기 좋은 자연환경을 갖추고 있으며, 코끼리와 사자, 기린, 얼룩말 등이 많이 살고 있어요. 케냐에서는 영어와 스와힐리어를 주로 사용합니다.

1 유엔 세계식량계획은 전 세계 70개국 이상에서 9,000만 명 이상의 굶주린 사람들에게 먹을 것을 제공하고 있어요. 매년 400만 톤에 달하는 먹거리가 위기 상황에 처한 국가들에 전해집니다. 주로 운반하기 쉬운 옥수수와 콩 혼합 분말이 지원되지요. 다답 난민촌에 홍수가 발생해 이 혼합 분말죽을 끓일 수 없을 때는 유엔 세계식량계획이 어린이들에게 단백질과 영양소가 강화된 고에너지 비스킷을 제공해요.

2 다답 난민촌에서는 신선한 과일과 채소를 파는 시장이 열려요. 하지만 그것을 살 돈이 있는 사람들이 많지 않아요. 이 신선한 과일과 채소는 작은 텃밭에서 왔어요. 국제기구의 지원을 받아 남편 없이 홀로 아이를 키우는 여성, 노인, 에이즈 보균자 등과 같은 사람들이 빈 곡물 자루와 재활용한 기름 깡통으로 작은 텃밭을 만들었어요. 아주 적은 양의 흙으로 텃밭을 만들고, 사람이 먹지 못하는 폐수를 사용하여 작물을 재배해요. 이 텃밭에서 기른 토마토, 오크라, 잎채소, 가지 등은 시장에서 판매되거나 가정의 소중한 식사 재료로 쓰여요.

3 소말리아 사람들 대부분은 이슬람교도예요. 그래서 할랄 푸드만 먹지요. 할랄 푸드는 엄격한 이슬람 율법에 따른 음식을 말해요. 과일과 채소, 곡류와 해산물이 할랄 푸드에 해당되지요. 다행히 혼합 분말죽과 함께 유엔 세계식량계획에서 제공하는 음식은 할랄 푸드에 해당된답니다. 참 이슬람교도들은 돼지고기는 먹지 않아요. 하지만 이슬람 신인 알라의 이름으로 도축된 양고기, 닭고기, 쇠고기 등은 먹는답니다.

4 다답 난민촌의 인구는 계속 증가하는데 물 공급은 충분치 않아요. 1인당 하루에 약 17리터의 물만 제공받을 수 있어요. 유엔이 발표한 바에 따르면 건강을 유지하는 데 필요한 최소량인 20리터에도 못 미치는 양이지요.

캐나다, 토론토

점심 종류가 아주 다양해요

캐나다에서 가장 큰 도시인 토론토 시내의 한 학교에서 커다란 벨 소리가 울려 퍼집니다. 학생들이 각자 집에서 싸 온 도시락을 들고 체육관으로 향해요. 학교에는 식당이 따로 없어요. 접이식 테이블을 놓으면 체육관이 식당으로 변신하지요. 체육관은 좁고 환기가 되지 않아 땀 냄새와 운동화 냄새가 뒤섞여 있어요. 캐나다의 어떤 학교에서는 교실 바닥이나 자기 책상에 앉아서 점심을 먹어요.

학교에서는 간단한 아침이나 간식을 주기도 하고, 제대로 차린 점심을 주기도 합니다. 하지만 토론토처럼 부유한 도시에서조차 어린이 4명 중 1명이 굶주리고 있어요. 또한 어린이 9,000명 정도가 무상 급식에 의존해 하루하루를 먹고 살아요. 하지만 무상 급식은 지방 정부, 교육청, 기업체로부터 지원금을 받고, 자원봉사자들이 있어야만 가능하지요. 캐나다는 학교에 다니는 어린이들에게 무상 급식을 하지 않는 전 세계에서 몇 되지 않는 선진국 중 하나예요.

캐나다는 이민자의 나라입니다. 국민 5명 중 1명이 외국인이지요. 그래서 학생들의 점심 종류도 매우 다양해요. 샌드위치를 가장 많이 싸 오지만 남미식 쌀밥과 콩 요리, 인도식 카레, 일본식 초밥, 중국식 국수도 볼 수 있어요.

학생들은 점심 식사를 마친 뒤, 교내 어린이 환경 단체의 도움을 받아 각자의 쓰레기를 분리해 버립니다. 사과를 먹은 뒤 남는 고갱이나 빵 부스러기 같은 음식물 쓰레기는 녹색 쓰레기통에 버려요. 이 음식물 쓰레기는 학교 텃밭의 퇴비로 사용되지요. 종이와 비닐, 플라스틱은 분리수거하거나 그냥 버립니다. 캐나다 어린이 한 명이 점심 식사에서만 배출한 쓰레기가 연평균 30킬로그램이나 된다고 해요. 이것은 10살짜리 소년의 몸무게와 맞먹는 무게이지요.

캐나다 어린이들의 점심을 살펴볼까요?

캐나다는 러시아에 이어 세계에서 두 번째로 큰 나라입니다. 하지만 전체 면적의 40퍼센트는 춥고 고립된 북극 지방으로 원주민인 이누이트족 외에는 사람이 살지 않아요. 영어와 프랑스어가 공용어이지요.

1 누구나 달콤한 과자를 먹어요. 과자에는 지방과 설탕이 엄청 많이 들어 있어요. 이 작은 쿠키 한 봉지의 열량은 200칼로리예요. 작은 스테이크 한 조각과 같은 열량이지요. 캐나다에서는 어린이 4명 중 1명이 과체중이거나 비만이에요.

2 학생들은 점심에 빠르고 간단하게 먹을 수 있는 음식을 선택해요. 캐나다 서부에 있는 몇몇 학교 선생님들은 이런 음식이 좋지 않다고 생각했어요. 그래서 식사 후에 나가 놀게 하는 대신 식사 전에 학생들을 놀게 한 뒤 밥을 먹게 했지요. 그러자 학생들은 점심을 먹는 데 좀 더 집중할 수 있게 되었어요. 나가 놀기 위해서 밥을 빨리 먹을 필요가 없어졌기 때문이에요.

3 사진 속 당근은 베이비캐럿이에요. 이 당근이 수확할 때부터 작은 것은 아니었어요. 갓 수확한 당근 중에는 조금 상하거나 볼품없는 것들도 있어요. 이런 당근들은 상품 가치가 없어서 버려져요. 한 캘리포니아 농부는 이렇게 버려지는 당근이 아까웠어요. 그래서 보기 좋게 당근을 다듬어 팔기 시작했어요. 이것이 바로 베이비캐럿이 된 거예요. 당근에는 시력을 건강하게 유지하는 데 필요한 베타카로틴이 풍부하게 들어 있어요.

4 캐나다 교육청은 매년 자판기 사업을 통해 과자와 음료를 만드는 회사들로부터 수십만 달러를 벌어요. 교육 전문가들은 학교 안에 있는 자판기에 탄산음료와 과자 대신 건강한 먹거리를 채워 넣기 위해 노력해 왔어요. 하지만 재정난에 허덕이는 교육청들이 수입을 잃게 될까 봐 반대해 쉽지 않았지요. 하지만 최근 몇몇 캐나다 주에서는 학교에서 패스트푸드 판매를 금지하기 시작했답니다.

브라질, 벨루오리존치

학교급식은 건강한 먹거리 제공을 위한 국가 정책이에요

브라질 남동부에 위치한 산업 도시 벨루오리존치에 있는 학교 식당에는 쌀밥과 콩 요리 냄새가 가득합니다. 학급별로 식사 시간이 다르기 때문에 식당은 계속해서 붐비지요. 브라질에서는 모든 공립 학교 학생들에게 따뜻한 점심을 무상으로 제공해요. 브라질 북동부의 농촌 지역에 사는 몇몇 어린이들은 아주 가난해요. 이 지역 어린이들에게는 학교 점심이 제대로 된 끼니를 해결할 수 있는 유일한 시간이에요.

브라질은 남미에서 가장 큰 나라예요. 경제는 성장했지만 세계에서 빈부의 차가 가장 심한 나라입니다. 부자와 가난한 사람 사이의 소득 격차가 무척 크거든요. 캐나다 전체 인구수와 비슷한 4,200만 명에 달하는 브라질 사람들은 집도 없고 먹을 것도 없답니다.

2002년 브라질에서는 룰라 대통령이 선출되었습니다. 룰라는 어릴 때부터 구두닦이로 일했을 만큼 가난하게 자랐어요. 룰라가 정부에서 가장 먼저 했던 일들 중 하나가 브라질의 굶주림과 불평등에 맞서 싸우는 것이었어요. 학교급식은 가난한 사람들에게 건강한 먹거리를 제공하기 위해 시행된 정책 중 하나였지요.

학교급식은 예쁜 색깔의 접시에 담겨 나와요. 쌀밥과 콩 요리는 항상 나와요. 거기에 구운 쇠고기나 닭고기에 감자나 케일이 곁들여 나오지요. 신선한 과일이나 주스도 나오고요. 조리사들이 제철 식재료를 사용하려고 노력하기 때문에 파인애플, 바나나, 구아바 같은 토종 과일들이 메뉴에 자주 등장한답니다.

브라질의 무상 급식은 빈곤과 굶주림을 감소시키는 데 큰 기여를 했어요. 2003년 이래 영양실조에 걸리는 아이들의 수가 73퍼센트나 줄어들었거든요. 또한 가난해서 살기 어려운 사람들의 수도 절반으로 줄었지요.

브라질 어린이들의 점심을 살펴볼까요?

브라질은 남아메리카 중앙부에 있는 나라로 포르투갈의 식민지였습니다. 공용어는 포르투갈어이고, 이탈리아어, 에스파냐어, 프랑스어, 영어도 사용하지요. 세계에서 제일 긴 강인 아마존강이 흐르고 있어요.

1
지난 10년 동안 브라질산 쇠고기에 대한 국제 수요가 점점 증가하고 있어요. 그 결과 아마존 열대 우림이 파괴되고 있지요. 소를 더 많이 키우기 위해 새로운 목장이 필요하기 때문이에요. 브라질 북부에 위치한 아마존 열대 우림은 '지구촌의 허파'로 불려요. 환경 운동가들은 수십 년 동안 아마존 열대 우림 파괴를 막기 위해 노력해 왔어요. 그럼에도 전 세계 온실가스 배출량의 17퍼센트를 배출할 만큼 아마존 열대 우림은 파괴되고 있지요.

2
브라질 사람들은 쌀밥과 콩 요리를 최소한 하루에 한 번 이상 먹어요. 이 둘을 함께 먹으면 8가지 필수 아미노산이 모두 포함된, 완전한 단백질 섭취가 가능하지요. 때로는 마니옥 가루를 음식 위에 뿌려 먹기도 해요. 마니옥은 카사바 혹은 유카라고도 불러요. 마니옥 뿌리로 만들어진 마니옥 가루는 요리에 고소한 맛을 더해 주지요.

3
브라질은 세계 유수의 바나나 생산국입니다. 브라질에서 재배되는 바나나의 대부분은 브라질 내에서 소비되지요. 브라질 학교는 정해진 비율만큼 지역 생산자들로부터 급식 식재료를 구매해야만 해요. 로컬 푸드(자신이 살고 있는 지역에서 생산한 농산물)를 구입하면 농민들에게 도움이 되어요. 또한 농산물을 저장하고 가공하고 운송하는 데 들어가는 비용을 줄일 수 있지요. 이렇게 학교와 농장 그리고 교육과 경제를 서로 연결시킨 것이 브라질 학교급식의 성공적인 변화를 가져왔답니다.

4
학교급식으로 패션프루트 주스 같은 생과일 주스도 나와요. 벨루오리존치의 학교들은 노점상이 학교에서 탄산음료와 과자, 사탕 등을 판매하는 것을 금지했어요. 하지만 패스트푸드 회사들은 여전히 TV와 인터넷 광고로 어린이들을 유혹하고 있지요.

건강한 급식 만들기
놀이로 먹거리 체계를 배워요

커다란 창문으로 햇살이 쏟아져 들어오는 날, 초등학교 5학년 학생들이 스톱커뮤니티푸드센터의 녹색 건물로 줄지어 들어갔어요. 토론토 시내의 버려진 건물이 먹거리를 생산하고 교육하는 곳으로 바뀌었거든요. 이곳은 풍성한 텃밭과 온실, 전문 조리실까지 갖추고 있어요. 어린이들은 이곳에서 좋은 먹거리를 기르고 요리하고 먹는 법을 배워요. 또한 먹거리가 건강, 환경, 사회 정의와 어떻게 연결되어 있는지에 대해서도 배우지요.

학생들은 먼저 온실에서 토마토 모종을 심고, 실내로 들어가 현실생활놀이를 해요. 현실생활놀이는 학생들이 각자 역할을 맡아 돈을 쓰는 놀이예요. 부자 역을 맡은 한 여학생은 들뜬 기분으로 큰 집과 장난감, 좋은 먹거리를 샀어요. 어떤 학생은 휠체어를 탄 장애인 역을 맡아요. 또 어떤 학생은 최저 임금이나 정부의 사회 복지 혜택에 의존해서 사는 사람의 역할을 맡았어요. 저소득층 역할을 맡은 학생들은 집세를 내고 나면 건강한 식재료를 살 돈이 거의 남지 않는다는 것을 알게 되었지요. 일부 학생들은 푸드

뱅크를 이용해야만 했어요. 푸드 뱅크는 가정과 기업 혹은 단체 급식소에서 남은 음식이나 유통 기한이 임박해 판매하기 힘든 식품을 가난한 사람들에게 전달하는 곳이에요. 한 남학생은 예산에 맞추어 값싼 먹거리만 먹다가 병에 걸리는 역할을 맡았지요. 값싼 먹거리에는 지방과 설탕, 소금이 가득했어요. 학생들은 모두 이런 먹거리 배분이 불공평하다고 생각했어요.

현실생활놀이를 끝낸 어린이들은 자기가 정치인이라면 이 상황을 어떻게 해결할 것인지 생각해 보기로 했어요. 최저 임금을 높이면 해결될지, 아니면 공동체에서 경작하는 지역 사회 텃밭을 늘리면 되는지 합리적인 해결책을 찾아 토론을 했지요.

이 프로그램은 어린이들로 하여금 먹거리 정의에 대해 생각하게 합니다. 또한 먹거리 불평등과 환경에 대해 문제 의식을 갖게 하고 스스로 행동할 수 있는 해결책을 생각하게 합니다. 학생들은 자신의 식습관부터 바꾸고 사회 변화에 기여하겠다고 다짐하며 교육을 마친답니다.

학생들은 학교로 돌아와서 첫 번째로 지역 정치인에게 편지를 써요. 이 어린이들은 스스로 무엇을 원하는지 정확히 알게 되었거든요. 그것은 바로 모두를 위한 건강한 먹거리이지요!

건강한 급식 만들기
기후 변화에 대처해요

싱그라는 방글라데시 북서부에 위치한 마을이에요. 이곳에 있는 진흙 제방으로 나무로 만든 배 한 척이 다가옵니다. 긴 판자가 배와 땅을 연결하면, 제방에서 기다리고 있던 어린이들이 배로 신 나게 뛰어 올라가요.

이 배는 물 위에 떠 있는 학교예요. 태양 에너지로 움직이지요. 이 배는 밭 하나를 끌고 다녀요. 방글라데시에서는 이 배를 포함한 총 20척의 배가 교실이자 밭의 기능을 하고 있어요.

방글라데시는 장마철이 다섯 달이나 됩니다. 이 시기를 우기라고 해요. 비가 너무 많이 오면 가난한 아이들은 학교에 갈 수 없어요. 학교와 학교로 가는 길이 모두 잠기니까요. 이 배가 있어 어린이들이 공부도 계속할 수 있고, 신선한 채소와 과일도 먹을 수 있지요. 이 배 안에서 학생들은 수업을 받아요. 그 동안 부모님들은 배가 끌고 다니는 밭을 가꿔요. 이 밭은 물에 뜰 수 있게 부레옥잠과 대나무로 만들었어요. 밭을 가꾼 사람들은 이 밭에서 나는 가지, 시금치, 박과의 열대 과일인 게욱을 가져갈 수 있어요.

방글라데시에서 홍수는 늘 골치 아픈 문제였어요. 그런데 지구 온난화로 히말라야 빙하가 녹아내리면서 홍수는 더욱 심해졌지요. 여러 마을이 물속에 잠겼고, 과학자들은 빙하가 계속 녹으면 더 많은 땅이 물에 잠길 거라고 예상해요.

방글라데시는 기후 변화의 최전선으로 불립니다. 그래서 기후 변화에 대처하기 위해 물 위에 뜨는 학교처럼 독창적인 대안을 생각해 내고 있어요. 현재는 학교 20척, 도서관 10척, 병원 5척 등을 포함해 총 55척의 배가 다니고 있답니다.

러시아, 두브나

학교에서 패스트푸드와 탄산음료를 금지해요

러시아 서쪽 강가에 있는 도시 두브나의 학교에 점심시간이 시작되었어요. 학생들은 시끄럽게 떠들며 점심을 먹으러 가요. 1층에 있는 커다란 식당은 벌써 학생들로 가득 찼어요. 러시아 학생들 대부분이 학교에서 점심을 먹어요. 음식 값이 비싸지 않기 때문이에요.

러시아에서는 점심을 '아베드'라고 불러요. 러시아는 전통적으로 점심을 가장 중요하게 생각해요. 그래서 학교 식당에서도 풍성하게 먹을 수 있어요. 점심으로 먼저 수프가 나오고, 그다음에 쇠고기나 생선으로 된 메인 요리와 함께 으깬 감자나 카샤가 나와요. 카샤는 우리나라 죽과 비슷한 음식이에요. 그리고 빵과 달콤한 과일 주스도 먹을 수 있지요.

러시아는 소비에트 연방이라는 큰 나라의 일부였어요. 소비에트 연방은 1990년대 초 러시아를 비롯해 15개의 독립 국가로 분리되었지요. 소비에트 연방 시절에는 식량이 많이 부족했어요. 그날 먹을 빵을 사는 데도 줄을 길게 서야 할 정도였지요. 당시 러시아 정부에서는 국민에게 기름진 음식과

고기, 빵을 먹게 했지만 신선한 채소와 과일까지 신경 쓰지는 못했어요.

그때부터 러시아 국민들의 식습관이 바뀌었어요. 하지만 여전히 취학 연령 아동의 20퍼센트는 영양실조 상태예요. 어떤 학생들은 충분히 배부르게 먹지 못하고, 또 어떤 학생들은 배부르게 먹는다 해도 영양 상태가 좋지 못해요. 그래서 러시아에서 가장 가난한 사람들이 모여 사는 구역의 어린이들은 다른 나라 어린이보다 키가 작아요. 심장병을 앓는 청소년의 수도 증가하고 있어요. 영양 상태가 좋지 못하면 심장병에 걸리기 쉬우니까요. 심지어 어른들도 심장병으로 죽는 경우가 많답니다.

건강한 식습관을 장려하기 위해 러시아 교육 공무원들은 학교에서 패스트푸드와 탄산음료 판매를 금지했어요. 점심시간마다 선생님들은 학교 식당을 돌아다니며 학생들이 점심을 잘 먹고 있는지 확인해요. 학생들은 식사 예절도 배워요. 나이프와 포크를 바르게 사용하는 법과 식탁을 차리는 법 등을 배우지요.

러시아 어린이들의 점심을 살펴볼까요?

러시아는 세계에서 가장 큰 나라입니다. 우리나라의 77배에 해당하는 크기로 같은 나라 안에서도 시차가 11시간까지 나지요. 정식 명칭은 러시아 연방이며, 러시아어를 사용해요.

1. 사진 속 수프는 '보르스치'라고 해요. 러시아 사람들이 매우 좋아하는 수프이지요. 뜨겁게 먹을 수도 있고, 차갑게 먹을 수도 있어요. 수프의 화려하면서도 강렬한 빛깔은 비트 때문이에요. 뿌리채소에 해당하는 비트는 식이섬유가 풍부하지요. 전문가들은 종종 빨간 비트나 푸른색 블루베리처럼 밝은 빛깔의 먹거리를 먹으라고 권해요. 음식의 색깔이 영양이 풍부한 정도를 나타낸다고 보기 때문이에요.

2. 카샤는 구운 메밀이나 귀리 같은 곡물로 만든 죽이에요. 러시아에서 오랜 세월 사랑받은 음식이지요. "양배추 수프와 카샤만 있으면 살 수 있다."는 오래된 속담이 있을 정도이니까요. 하지만 오늘날의 러시아 사람들은 이 속담에 빵을 추가할지도 몰라요. 1인당 연평균 80킬로그램의 빵을 먹고 있으니까요.

3. 학교 식당 식탁에는 소금이 놓여 있어요. 대부분의 선진국에서는 요오드가 들어간 소금을 사용해요. 우리 몸에 필수적으로 필요한 요오드를 섭취하기 위해서지요. 하지만 러시아 소금에 항상 요오드가 들어 있는 것은 아니에요. 그래서 어린이 중 40퍼센트가 학습 장애를 초래하는 요오드 결핍증에 시달리고 있어요.

4. 이 맛있는 과일 음료는 '콩포트'라고 해요. 사과와 말린 자두, 건포도 같은 과일을 설탕물에 넣고 조린 것이지요. 컵 바닥에는 과일 덩어리가 가라앉아 있어 숟가락으로 퍼먹을 수 있어요.

페루, 쿠스코

오전에 간식 시간이 있어요

 쿠스코 외곽 안데스 산맥에 있는 이 동네에서는 학교에 가려면 매일 아침 2시간 이상 험한 길을 걸어야 해요. 이 학교는 산악 지대에 있는 다른 작은 학교들처럼 전기도 들어오지 않고, 물도 쓸 수 없어요.

 학교에는 오전 중에 간식 시간이 있어요. 학생들은 바닥에 천을 깔고 집에서 가져온 음식을 함께 먹어요. 이 간식을 '코코우'라고 불러요. 코코우는 '여행자의 음식'이라는 뜻이지요. 보통 구운 옥수수를 먹거나 특별한 경우에는 말린 치즈를 먹어요.

 이곳의 학생들은 안데스 산맥에서 대대로 살아온 케추아족이에요. 케추아족은 고유의 언어와 문화를 가지고 있어요. 케추아족은 캄페시노, 즉 농민으로 언덕바지에 밭을 일궈 감자, 옥수수, 콩을 재배해요.

 과거 케추아족은 작물을 안정적으로 수확하려고 다양한 품종을 재배했어요. 감자만 하더라도 여러 종류의 품종을 심었지요. 하지만 기후 변화로 물이 부족해져서 수확량이 많이 감소했어요. 유엔 세계식량계획에 따르면 페루 오지에 살고 있는 어린이들의 70퍼센트가 만성적인 영양실조를 겪고 있다고 해요.

정오가 지나면 학생들은 아침에 왔던 먼 길을 되돌아 집으로 가요. 부모님은 밭에서 일을 하고 있기 때문에 어린이들이 직접 점심을 차려 먹어요. 점심에는 거의 감자가 포함되어 있어요. 어린이들은 형제자매와 함께 밥을 먹고 부모님을 도와 집안일이나 밭일을 합니다.

여기 사는 사람들 대부분은 돈이 많지 않아요. 페루 사람들의 40퍼센트가 1,400원 미만의 돈으로 하루를 살아요. 그렇지만 케추아족이 이 산지에서 오래도록 번성할 수 있었던 것은 강력한 지역 사회와 문화 네트워크 덕분이지요.

페루 어린이들의 점심을 살펴볼까요?

페루는 남아메리카 중부 태평양 연안에 있는 나라입니다. 기원전부터 여러 원주민 부족이 살아온 이곳에 케추아족이 잉카 제국을 세웠어요. 300년 동안 에스파냐의 지배를 받아 페루에는 토착 문화와 에스파냐 문화가 섞여 있어요. 에스파냐어, 케추아어, 아이마라어 등을 사용합니다.

1 감자의 원산지는 페루예요. 페루에서는 노란색, 빨간색, 파란색, 보라색, 점박이 감자를 비롯해 갈고리 모양으로 휘거나 길이가 긴 감자, 여러 개의 혹이 달린 감자 등을 볼 수 있어요. 감자 종류만 3,500가지가 넘는다고 해요. 감자는 기르기 쉽고, 영양가도 높아요. 페루의 감자들은 맛과 질감이 제각각 달라요. 페루 사람들은 1인당 연평균 약 530개의 감자를 먹어요.

2 페루에서는 주식으로 옥수수를 많이 재배해요. 페루 사람들은 옥수수 가루 반죽 속에 고기와 과일 등을 넣어 찐 타말레를 많이 먹어요. 맥주를 만들 때도 옥수수를 사용하지요. 페루 여성들이 조직한 '공동체 부엌'에서는 요리에 옥수수와 현지 농산물을 자주 사용합니다. 공동체 부엌에서는 가난한 수십만 가족에게 건강한 식사를 적당한 가격에 판매해요. 공동체 부엌은 지역 사회를 결집시키는 중요한 역할을 하기도 해요.

3 '쿠이'는 안데스 원주민이 가정에서 기르는 가축이에요. 북미에서 가장 사랑받는 애완동물이지요. 우리나라에서는 '기니피그'라고도 불려요. 케추아족은 13~16세기 잉카 제국 때부터 식량과 약으로 쓰려고 쿠이를 길러 왔어요. 특별한 날에는 쿠이를 요리합니다. 통째로 튀기거나 굽거나 삶아 먹으면 토끼고기 같은 맛이 난다고 해요. 쿠이 요리는 단백질과 철분이 풍부해서 이 지역 사람들에게 꼭 필요한 식량이지요.

4 안데스 산맥에서 재배되는 퀴노아는 잉카 사람들이 신성하게 여긴 작물이에요. 쌀보다 조금 작은 둥근 모양의 곡물이지요. 식이섬유와 단백질이 풍부하여 몸의 성장과 근육 회복에 도움을 줍니다. 퀴노아는 고소하고 구수한 맛이 나요. 퀴노아로 죽을 만들 수도 있고, 밥처럼 익혀 향신료와 채소를 섞어 먹을 수도 있어요. 현재는 전 세계에서 가장 영양가 높은 식품 중 하나로 손꼽히고 있어요.

3,100만 명 이상의 어린이들이 학교급식을 먹어요

머리카락이 흘러내리지 않게 모자를 쓰고 앞치마를 두르고 있는 급식 담당자들이 보이네요. 그 앞에는 음식들이 놓여 있어요. 뉴멕시코 주 중앙에 위치한 이 학교는 조리실이 없어 요리를 할 수 없어요. 급식 담당자들은 냉동식품이나 통조림에 든 식품을 데워서 내놓을 수밖에 없지요.

줄지어 선 학생들 중 절반 이상이 무상으로 혹은 아주 적은 돈만 내고 급식을 먹어요. 소득이 낮기 때문이지요. 형편이 나은 학생들은 하루에 2~3달러(한화 2,200~3,400원)를 내고 급식을 먹거나 집에서 싸 온 도시락을 먹어요.

급식 식단에는 피자나 타코가 있고, 과일과 채소도 나와요. 우유는 여러 가지 맛 중에서 하나를 선택할 수 있어요. 돈이 있는 학생들은 여기에 쿠키를 추가하거나 피자를 하나 더 먹을 수 있지요.

미국에서는 매일 3,100만 명 이상의 어린이들이 학교급식을 먹어요. 하지만 이 점심이 모두 영양소가 충분한 건 아니에요. 지난 30년 동안 미국의 어린이 비만율은 3배로 증가했어요. 과도한 체중 증가와 함께 당뇨병 같은 심각한 건강 문제들이 생겨나고 있지요. 이렇게 어린이들의 건강 상태가 열악하게 되면 기대 수명은 그 부모 세대보다 낮아질 거예요.

　학부모, 교사, 환경 운동가들은 오랫동안 학교 식당을 바꾸기 위해 노력해 왔어요. 학교 식당에 더 나은 조리 시설을 설치하고, 샐러드바를 만들고, 현지 농산물을 구매하게 했어요. 캘리포니아 주 버클리에는 '먹을 수 있는 운동장'도 생겼어요. 운동장 한 귀퉁이에 텃밭을 만들어 학생들이 직접 먹거리를 기르도록 한 거예요. 학생들은 이 텃밭에서 수확한 수확물로 요리 수업 시간에 직접 요리하지요. 이렇게 좋은 프로그램들이 많이 만들어지고 있어요.

미국 어린이들의 점심을 살펴볼까요?

미국은 북아메리카 대륙의 캐나다와 멕시코 사이에 있는 나라입니다. 정식 명칭은 아메리카 합중국이고, 영어를 사용해요. 50개의 자치구와 한 개의 수도 워싱턴 D.C.로 이루어진 연방 국가예요. 다양한 민족이 이주해 정착한 다민족 국가예요.

1 미국 공립 학교의 30퍼센트 이상이 학교에서 도미노 피자나 KFC 같은 유명 패스트푸드 체인점의 음식을 판매하고 있어요. 한 연구에 따르면 어린이에게 패스트푸드를 팔지 않으면 과체중 어린이의 수가 18퍼센트 감소할 거라고 해요.

2 우유는 젖소에게서 얻어요. 하지만 역사적으로 보면 말, 낙타, 물소, 야크 등 많은 동물들에게서 우유를 얻어 왔어요. 오늘날 미국 사람들은 1인당 연평균 약 84리터의 우유를 마십니다. 이것은 욕조 하나를 가득 채울 수 있는 양이지요.

3 옥수수는 통째로 삶아 먹든지 샐러드에 넣어 먹든지 어떤 식사에도 잘 어울려요. 하지만 미국에서는 매년 생산되는 옥수수 약 2억 5,400만 톤 중 대부분이 가축 사료, 바이오 연료, 혹은 액상과당 같은 식품 첨가물로 사용되지요. 액상과당은 값이 싸서 가공식품에 많이 쓰여요. 그 결과 미국인 1인당 연평균 약 17킬로그램의 액상과당을 먹고 있지요.

4 미국 학교급식에 나오는 과일은 대부분 통조림에 든 과일이에요. 하지만 농장 학교(FTS : Farm to School) 프로그램 덕분에 신선한 과일과 채소를 먹는 학교의 숫자가 늘고 있어요. 이 프로그램은 학교급식을 지역 농업과 연결해 학생에게 신선한 과일과 채소를 먹게 합니다. 또한 어린이들이 환경에 대해 배울 수 있게 하지요. 또 한편으로는 현지 농부들에게 농산품 판매 시장을 넓혀 주고 있답니다.

아프가니스탄, 칸다하르

학교급식으로 비스킷을 먹어요

　아프가니스탄 남부 칸다하르시 외곽에 있는 이 시골 학교는 옛날에는 임시 천막과 다를 바 없었어요. 붉은 땅에 긴 장대를 박고 그 위에 두꺼운 천만 둘러쳐진 채 있었거든요. 수십 년 동안 이어지던 전쟁과 폭력 사태가 끝나고 나서야 마침내 벽돌로 건물을 지을 수 있었지요. 하지만 학교 안에는 안전하게 마실 수 있는 물도, 제대로 된 화장실도 없어요. 학생 수만큼 책상이나 교과서가 없어요. 심지어 바닥에 앉아 수업을 들어야 할 때도 있어요.
　정오가 되면 아프가니스탄 문화권 전통대로 카펫 위에 앉아서 식사를 해요. 식사로는 유엔 세계식량계획이 제공한 고에너지 비스킷을 먹어요. 밀로 만들어진 이 비스킷으로 비타민과 미네랄, 단백질 등을 보충할 수 있지요. 100그램짜리 비스킷 한 봉지의 열량은 450칼로리예요. 닭가슴살과 브로콜리 두 컵을 먹는 것과 비슷한 열량이지요. 비스킷 한 봉지에는 10~15개의 비스킷이 들어 있어요. 많은 어린이에게 이 비스킷은 아침이자 점심이에요. 그리고 하루에 먹는 음식 중 가장 영양가가 높지요.

아프가니스탄은 한때 농업 강국이었고 먹을 것이 충분했어요. 하지만 오늘날에는 아프가니스탄 어린이들 54퍼센트가 굶주리고 있어요. 국민의 절반 이상이 하루에 미화 1달러(한화 1,100원) 미만의 소득으로 살고 있지요.

학교는 특히 여자아이들에게 있어 힘든 삶에서 벗어날 수 있는 도피처예요. 그러나 1996년부터 2001년까지 급진적인 탈레반 정부가 정권을 장악하면서 여자아이들이 학교에 다니는 것을 금지했어요. 지금도 전체 학생의 3분의 1만 여학생이에요. 학교에 온 여학생에게는 유엔 세계식량계획이 지원한 식용유를 추가로 나눠 주고 있어요. 하지만 여학생들은 학교에 가는 것만으로도 생명에 위협을 받을 수 있어요. 여전히 탈레반이 활동하고 있기 때문이지요.

아프가니스탄 어린이들의 점심을 살펴볼까요?

아프가니스탄은 인도, 서남아시아, 중앙아시아 세 지역의 지리적 요충지에 위치한 나라입니다. 정식 명칭은 아프가니스탄 이슬람공화국이에요. 지리적 중요성 때문에 1979년에는 구소련군, 2002년에는 미국과 영국 등 연합군의 공격도 받았지요. 국민의 99퍼센트가 이슬람교를 믿어요.

1
이 비스킷은 유엔 세계식량계획이 제공한 것이에요. 유엔 세계식량계획은 아프가니스탄 어린이 200만 명에게 학교급식을 지원하고 있어요. 학교급식은 출석률을 높이지요. 최근 몇몇 학교에서는 비스킷 대신 따뜻한 점심을 나눠 주고 있어요. 이러한 학교들은 점심으로 나오는 완두콩 요리와 빵에 미네랄, 비타민 등이 포함된 가루를 넣어 영양 성분을 강화시켜요.

2
한 달에 22일 이상 학교에 출석하는 여학생들은 4.5킬로그램짜리 식용유를 한 통 받아요. 이 식용유로 맛있는 중동식 빵인 피타 빵을 만들 수 있어요. 또, 양파와 채소, 고기를 볶아서 아프가니스탄 전통 음식인 코르마를 만들 수도 있고요. 코르마는 카레와 비슷하게 생겼고, 쌀밥과 함께 먹을 수 있어요.

3
아프가니스탄에서는 1년 동안 밀 가격이 60퍼센트나 올랐어요. 전 세계적으로도 주요 먹거리 가격이 상승하면서 심각한 식량 위기가 닥쳤지요. 기름 값이 오르고, 기후 변화로 수확량이 줄어들었기 때문이에요. 먹거리보다 바이오 연료 생산용 작물을 재배하는 농부의 수가 늘어난 것도 식량 위기의 원인이지요. 이렇게 곡물 가격이 오르는 바람에 가난한 사람들은 과거 어느 때보다 더 굶주리게 되었답니다.

건강한 급식 만들기

수확에 대한 기쁨과 감사를 배워요

   페루 남부의 안데스 산맥 고지대에 한 학교가 있어요. 이 학교 학생들은 학교에 있는 차크라에서 옥수수와 감자를 길렀어요. 차크라는 케추아어로 '밭'이라는 뜻이지요.

   오늘은 학생들이 손수 기른 옥수수와 감자를 수확하는 날이에요. 그래서 학생들은 기쁨으로 들떴지요. 마을 사람들도 학생들의 수확을 축하하러 왔어요.

   수확을 하기에 앞서 전통문화에 따라 학생들은 코카잎과 향을 태워 대지에 감사함을 표해요. 마을 어른들이 마을의 수호신에게 허락을 구하고요. 그런 다음 다 같이 옥수수를 자르면서 노래를 부르지요.

   수확 뒤에는 모두 함께 식사를 해요. 신에게 풍성한 수확을 감사하는 기도를 드리기도 하고요.

   이런 축하 의식은 이 산악 지대에서 여러 세대 동안 행해져 왔어요. 하지만 최근 학교 행정가와 교사들이 이 전통문화를 금지시키고 있어요. 학교는 이제 읽기, 쓰기, 산수만을 익히는 곳이 되었고, 모든 수업은 스페인어로 진행되고 있지요. 그래서 케추아어를 쓰는 학생들이 학교에 적응하기가 힘들어졌어요. 거기에 더해 자신들의 언어와 생활 방식을 수치스럽게까지 여기게 만들었지요.

하지만 다행히 몇몇 학교에서 전통문화에 대해 다시 가르치기 시작했어요. 교육 체계 개편과 혁신적인 지역 프로젝트 덕분이었어요. 그렇다고 현대적인 교육을 아예 배제한 건 아니에요. 이런 교육적 방식을 '이스카이 야차이'라고 불러요. 이것은 케추아어로 '두 가지 종류의 지식'을 뜻하지요.

산악 지대에 사는 가족들은 농사를 지어요. 그래서 학교에서는 학생들이 농번기에 부모님을 도울 수 있게, 또 전통 의식에 참여할 수 있게 하고 있어요. 또한 학교에서 씨앗을 나눠 주거나 학교 텃밭에서 행사가 있을 때면 마을 어른들을 초대하지요. 학생들에게 식물, 전통 의학, 농사 기술에 대해 가르치기 위해서예요. 학생들은 전통적인 안데스의 시와 미술, 음악을 배우고, 또한 학교 텃밭에서 먹거리를 기르고 대지를 보살피는 법도 배우지요.

건강한 급식 만들기
생명의 텃밭을 가꿔요

케냐, 인도, 싱가포르, 감비아에 있는 300개 학교의 어린이들이 '생명의 텃밭(Gardens for Life)'이라는 세계 네트워크에 가입했어요. 생명의 텃밭은 영국의 에덴 프로젝트의 일부예요. 어린이들이 여기에 가입한 뒤에 가장 먼저 알게 된 사실은 바로 이것이에요.

"함께 먹거리를 기르고 먹으면 사람들은 하나가 된다."

생명의 텃밭에서 만든 학습 자료와 웹사이트를 통해 전 세계 어린이들은 하나로 연결됩니다.

케냐에서 가뭄이 자주 일어나는 지역인 리프트밸리에서는 60개 학교가 생명의 텃밭에 참여하고 있어요. 여러 해에 걸쳐 흉작이 들면서 주요 먹거리 가격이 올라, 가난한 사람들이 학교급식 비용을 감당하기 어려워졌기 때문이에요.

학생들은 학교 텃밭에서 직접 점심에 쓸 식재료를 길렀어요. 시금치나 가지 같은 채소를 말이에요. 그 결과 학생들은 영양가 높은 급식을 먹게 되었고, 농사 기술도 배울 수 있었어요. 또한 남은 채소를 내다 판 수익으로 교실 공사를 할 수도 있었지요.

생명의 텃밭에 가입한 모든 학교는 저마다의 이야기를 가지고 있어요. 서로의 이야기를 나누면서 어린이들은 소통과 지구의 지속가능성에 대해 생각하게 되지요. 또한 자연재해와 가난 같은 전 세계적인 문제들에 대해 함께 고민할 기회도 갖게 되었지요. 생명의 텃밭에 가입한 어린이와 교사들은 지구에 시민 공동체를 건설하고 있는 셈이에요.

영국, 버밍엄

어린이 비만 문제 해결을 위해 학교급식이 확 바뀌었어요

버밍엄 외곽의 작은 초등학교에서 학생들이 점심을 먹기 위해 줄을 서 있어요. 학생들은 채식 식단도 선택할 수 있지요. 영국은 학교 식당에서 튀긴 음식을 일주일에 3번 이상 팔지 못하도록 되어 있어요. 초콜릿과 탄산음료를 판매하는 것 역시 금지되어 있지요. 학생들은 하루에 과일과 채소를 두 가지 이상 먹을 수 있고, 좋은 품질의 고기도 매일 나온답니다.

하지만 몇 년 전까지만 해도 영국의 학교급식은 지금과 무척 다른 모습이었습니다. 햄버거와 감자튀김, 탄산음료, 터키 트위즐러 등을 학교 식당에서 쉽게 볼 수 있었지요. 터키 트위즐러는 칠면조 고기에 돼지고기 지방을 섞어 나선 모양으로 길게 늘인 뒤 기름에 바싹 튀긴 가공식품이에요.

영국의 학교급식이 바뀌게 된 것은 바로 영국이 유럽에서 가장 뚱뚱한 나라라는 끔찍한 결과가 나왔기 때문이에요. 영국의 2~15세 어린이의 4분의 1가량이 과체중이나 비만으로 판명되었거든요. 결국 학부모와 먹거리 운동가들은 학교급식부터 바꿔야 한다고 생각하고 그를 위해 노력했어요. 대표적인 먹거리 운동가는 유명 요리사인 제이미 올리버였어요. 제이미 올리버는 학교급식과 관련된 인기 있는 텔레비전 프로그램을 진행했지요.

처음에는 많은 학생들과 학부모들이 건강한 먹거리를 거부했어요. 건강한 먹거리가 맛이 없을 거라는 편견 때문이에요. 심지어 잠긴 교문 틈으로 햄버거와 피시앤칩스를 자식들에게 건네며 건강한 먹거리 운동에 시위했어요. 피시앤칩스는 생선튀김에 감자튀김을 곁들인 영국 전통 음식이에요.

하지만 학생들과 학부모들은 결국 이 새로운 급식이 맛도 있고 건강에 좋다는 걸 깨닫고 받아들이기 시작했어요. 버밍엄 학교 학생들에게 자신들의 급식에 들어가는 과일과 채소를 직접 기르게 하고, 지역 농장을 정기적으로 견학하면서 건강한 먹거리에 대해 지속적 관심을 가지게 했어요. 학생들은 점심 때 식탁 위에 펼쳐 놓을 예쁜 색깔의 천을 선택하기도 했어요. 식사 환경을 더 좋게 하기 위해서지요.

건강한 먹거리와 편안한 식사 환경은 어린이들의 행동을 바꾸어 놓을 수 있습니다. 실제로 선생님들은 건강한 먹거리와 편안한 식사 환경이 학생들의 집중력을 높여 학업 성적이 향상되었다고 합니다.

영국 어린이들의 점심을 살펴볼까요?

영국은 유럽 대륙 서북쪽에 있는 섬나라로 영어를 사용합니다. 잉글랜드, 스코틀랜드, 웨일스, 북아일랜드로 행정 구역이 나뉘어 있어요. 입헌 군주제로 국가 원수는 왕이지만 정부를 대표하여 정무를 보는 것은 총리입니다. 유럽 연합(EU) 가입국이지만 유로화를 쓰지 않고 파운드를 사용합니다.

1

영국 사람들이 제일 좋아하는 채소는 감자이고, 그다음이 당근이에요. 대부분의 당근은 영국 내에서 재배되어 슈퍼마켓에서 판매되고 있어요. 먹거리 운동가들은 우리의 먹거리가 환경에 어떤 영향을 미치는지 보여 주기 위해 푸드 마일을 계산합니다. 푸드 마일이란 생산지에서 식탁까지 먹거리가 이동하는 거리를 말해요. 오늘날 영국 당근의 푸드 마일은 1970년대에 비해 60퍼센트나 높아요. 하지만 푸드 마일뿐만 아니라 먹거리를 생산하고 가공하고 저장하는 과정에서도 온실가스가 배출돼요. 한 연구에 따르면 먹거리 관련 온실가스 배출량 중 운송이 차지하는 비중은 11퍼센트에 불과했어요. 생산 단계, 즉 삼림 파괴에 의한 토지 개간이 발생할 때 가장 많은 온실가스가 배출된다고 해요.

2

최근 조사에 따르면 전통적인 영국 식사가 어린이들과 학부모들이 학교급식으로 가장 선호하는 메뉴였어요. 전통적으로 일요일에 먹는 이 메뉴는 그레비를 끼얹은 쇠고기예요. 두 번째로 가장 많이 선호하는 메뉴는 소시지에 으깬 감자와 양파 그레비를 곁들인 것이고, 그다음은 라자니아와 마늘빵이었어요.

3

쇠고기 옆의 둥글납작한 것은 요크셔푸딩이에요. 요크셔푸딩은 밀가루에 우유와 달걀을 넣은 반죽을 오븐에서 구운 것이에요. 원래는 고기를 맘껏 먹을 수 없는 가난한 사람들이 포만감을 느끼려고 해 먹었던 음식이에요. 그러면 비싼 고기를 덜 먹어도 되니까요.

현재 영국의 저소득층 학생들은 학교급식을 무상으로 먹을 수 있어요. 하지만 많은 학생들이 '무상 급식 대상자'로 알려지는 것을 창피하게 생각해요. 그래서 모든 학생들에게 똑같은 전자식 점심카드를 사용하게 하여 누가 무상 급식 대상자인지 알지 못하게 하고 있어요. 하지만 이보다 더 좋은 급식 시스템은 모든 어린이들이 건강한 식사를 무상으로 먹게 하는 것이지요.

중국, 상하이

학교에 오래 머물며 학교급식을 먹어요

상하이에 있는 한 학교 식당 안은 배고픈 학생들로 가득 차 있어요. 상하이에서는 첫 수업이 아침 7시 30분부터 시작해요. 그래서 학생들은 아침 일찍 학교에 오느라고 아침을 제대로 먹지 못해요. 이곳 학생들은 거의 9시간 이상 학교에 머물러요. 중국은 세계에서 인구가 가장 많은 나라로 총 인구 수가 10억 명이 훨씬 넘어요. 인구가 많으니까 성공하려면 공부를 더 잘해야 한다는 압력 역시 무척 크지요.

학교 식당에는 긴 테이블 여러 개가 나란히 놓여 있어요. 학생들은 식판을 들고 자리에 앉아요. 메뉴는 보통 쌀밥이나 국수이고, 반찬으로 돼지고기나 생선 요리에 채소가 함께 나와요. 국도 따로 먹을 수 있어요. 학생들은 식사 중에 차가운 음료를 마시지 않아요. 중국 전통 의학에 따르면 뜨거운 밥에 차가운 음료를 마시면 소화가 잘되지 않는다고 해요.

선생님들은 식당을 돌아다니면서 학생들이 밥을 먹으면서 너무 시끄럽게 떠들지 않도록 지도해요. 학생들에게 음식을 꼭꼭 씹어 먹으라고 이야기도

하고요. 점심을 다 먹고 나면 학생들은 밖에 나가 휴식을 취해요. 물론 교실로 돌아가는 학생들도 있어요. 이 학생들은 공부를 하거나 잠깐 눈을 붙이지요.

현재 중국의 대도시에 사는 10~12세 어린이들 중 15퍼센트가 과체중이고, 8퍼센트는 비만이라고 해요. 이렇게 비만이 급격하게 증가한 이유는 공부 시간이 많은 반면에 신체 활동이 부족하기 때문이에요. 또 중국인의 생활 양식이 바뀐 것도 한몫해요. 경제가 발전하면서 농촌에 살던 사람들이 도시로 대거 이동해 왔어요. 도시에 사는 사람들은 상대적으로 활동량이 적을 뿐 아니라 고기나 유제품, 서구식 패스트푸드를 많이 먹지요.

비만에 맞서 싸우기 위해 학교에서는 새로운 변화가 시작되었어요. 전통 춤을 필수 과목으로 도입하거나 지자체 차원에서 학생들이 휴식 시간에 하루 1킬로미터 이상 달리게 하지요.

중국 어린이들의 점심을 살펴볼까요?

중국은 아시아 동부에 있는 나라로 정식 명칭은 중화 인민 공화국입니다. 세계 최대의 인구와 광대한 국토를 가진 나라로, 중국어를 사용해요. '중국' 또는 '중화'라는 나라 이름의 중(中)은 중심, 화(華)는 문화라는 뜻으로 세계의 중심 또는 문화의 중심이라는 뜻이에요.

1 지난 2세기 동안 중국에서는 쌀농사가 잘 안 되면 심각한 기근이 발생했어요. 그 결과 수천만 명이 굶어 죽었지요. 1950년대와 1960년대까지 심각한 기근이 일어났어요. 그래서 살이 포동포동 찐 것이 건강과 부의 상징이 되었지요. 현재 건강 전문가들은 이러한 인식을 바꾸기 위해 많은 노력을 기울이고 있어요. 하지만 아직도 일부 사람들은 '통통한 아이가 건강한 아이'라는 옛말에서 벗어나지 못하고 있어요.

2 1980년대 중반 이래 중국에서는 육류 소비가 두 배 이상 증가했어요. 이런 추세가 계속되면, 중국 경제와 인구가 계속해서 성장할 경우 엄청난 환경 문제가 초래될 거예요. 육류를 생산하는 과정은 지구에 악영향을 미칠 수 있어요. 목초지를 만들고 사료용 작물을 재배하기 위해 삼림이 개간되어야 하기 때문이에요. 또한 가축은 온실가스를 발생시켜 지구 온난화를 가중시키지요. 축산 폐기물을 환경 친화적인 방식으로 처리하는 것, 특히 물을 오염시키지 않게 하는 것은 무척 어려워요.

3 중국 북부에서는 뜨거운 국물이나 국수를 먹을 때 후루룩 소리를 내야 해요. 중국 사람들은 이렇게 하는 것을 예의 바른 행동으로 여겨요. 음식에 대한 고마움을 표하는 행동이라고 생각하거든요. 후루룩 소리를 내면 공기를 빨아들이게 돼요. 그러면 뜨거운 국물도 식힐 수 있지요.

4 중국 남부에서는 전통적으로 쌀밥과 사진에 있는 청경채 같은 채소를 먹어요. 조리사들은 오감을 모두 만족시킬 수 있는 음식을 준비하려고 노력해요. 채소의 풍미, 색상, 질감을 유지할 수 있게 아주 빠르게 요리하지요.

건강한 급식 만들기
학교급식의 권리를 찾고 싶어요

　학교급식 문제는 어린이들 자신이 세계에 어떤 영향을 미칠 수 있는지 알게 하는 기회가 될 수 있어요. 어린이 스스로 자신이 변화를 일으킬 수 있는 존재라는 인식을 가질 수 있지요.

　어린이들은 매일 학교에서 점심을 먹어요. 어린이 모두가 '먹는 것이 투표 행위가 되도록(vote with our fork)' 노력할 수 있어요. 또한 자신과 지구를 위해 건강한 먹거리를 선택할 수도 있지요.

　또한 어린이들은 음식을 선택하는 개인적 결정으로 지역 사회와 세계 사이의 연결 고리를 이해하게 되지요. 국내외적인 굶주림과 빈곤에 대해 이야기하거나, 학교급식 프로그램이 만성적인 굶주림에 시달리는 어린이들에게 도움을 줄 수 있어야 한다고 주장할 수도 있어요.

　학교급식은 단순히 배를 채우는 것 이상의 역할을 해요. 학생들, 특히 여학생들의 출석률이 높아져 교육 수준을 높일 수 있고, 행동과 학습 능력 역시 향상시키지요.

어린이들은 자신들이 학교와 지역 사회에 소속된 시민이라는 것을 인지할 필요가 있어요. 어린이들도 직접 교육 행정가와 정치인에게 인권 차원에서 건강한 먹거리를 요구할 수 있지요. 특히 어린이들을 급식 정책에 관여할 수 있게 하는 것은 정말로 중요해요.

먹거리는 강력한 도구이며, 나이에 상관없이 누구나 사용할 수 있는 도구예요. 먹거리는 공동체를 구축하고, 불평등에 관한 문제를 제기하고, 사람들 간의 벽을 허물 수 있어요. 먹거리는 진정으로 우리 모두를 하나로 이어 줍니다.

그럼 우리 먹거리 체계에 좋은 변화를 가져올 수 있게 어린이들이 할 수 있는 것들이 무엇이 있는지 알아봅시다.

 **나 스스로 할 수 있는 일 실천하기**

- 과일, 채소, 허브들이 어떻게 자라는지 배우기
- 우리가 사는 지역 사회의 전통을 되살려 보기
- 저소득층이 신선한 채소와 과일을 먹는 것이 얼마나 힘든 일인지 스스로 느껴 보기
- 쓰레기를 모으고 점심 식사 때 남은 음식물 찌꺼기로 퇴비 만들어 보기
- 포장재 재활용하기
- 친구들에게 쓰레기가 생기지 않는 점심을 학교에 가져오자고 이야기하기

 **나의 의견 피력하기**

- 지방 의원이나 국회 의원에게 편지를 써서 건강한 먹거리를 먹을 수 있게 해 달라고 말하기
- 학교급식으로 지역에서 생산되는 식재료를 구매할 수 있도록 정책을 만들어 달라고 요청하기
- 산업적 먹거리 체계가 환경에 미치는 영향에 대해 여러분이 얼마나 염려하고 있는지 설명하기
- 가난한 사람들이 돈이 부족해서 적절한 먹거리를 살 수 없는 것은 옳지 않다고 이야기하기
- 정치인에게 나의 요청에 대한 답장을 써 달라고 부탁하기

자신이 먹는 먹거리에 대해 학습하기

- 우리가 먹는 먹거리를 누가 기르고 만드는지, 그 과정에서 노동자들이 어떻게 대접받고 있는지 알아보기
- 농부들이 농약이나 화학 비료를 쓰는지, 이런 화학 물질이 공기, 토양, 물에서 어떻게 분해되는지 등에 대해서 알아보기
- 토마토, 감자, 혹은 다른 채소나 과일을 씨앗에서부터 식탁까지 추적해 보기
- 학교에서 쓰이는 식재료 중 어린이 여러분이 사는 지역에서 생산된 것의 비율이 얼마나 되는지 알아보기
- 어린이 여러분이 먹는 점심의 푸드 마일과 기타 환경 비용을 계산해 보기

건강한 급식 만들기

세계에서 가장 안전하고 맛있는 우리나라 급식 만들기

> **어린이 급식 헌장 1조**
> 모든 어린이와 청소년은 가장 안전하고 건강한 먹거리를 누구나 차별 없이 동등하게 제공받을 권리가 있다.

짜잔! 드디어 ○○○○년 ○월 ○일

우리나라 학교급식이 세계에서 가장 안전하고 건강한 급식이라는 평가를 받았어요. 우리나라 최초의 학교급식은 1953년 캐나다에서 원조된 분유를 밥을 굶는 아이들에게 나누어 준 것이었어요. 그런데 이렇게 발전하다니 참 놀라운 일이지요?

어떻게 하면 이렇게 기쁜 일이 일어날 수 있을까요? 그 방법을 알아보고, 그렇게 될 수 있도록 우리 함께 노력해 봐요.

1 친환경 농산물 사용하기

학교급식에 공급되는 모든 농산물 재료는 국내에서 생산되는 친환경 농산물을 사용해야 해요. 특히 수산물은 우리나라 인근 연해에서 잡히는 것만 급식 재료로 쓸 수 있게 해야 하지요.

저 멀리서 수입되는 값싼 농산물에는 바다를 건너오는 동안 썩지 못하게 온갖 방부제와 농약 들이 사용되고 있어요. 그래서 값싼 수입 식품에 맞서기 위해서 우리나라 농부들도 제초제와 농약을 사용하게 되지요.

하지만 먹거리는 돈의 가치로만 따져서는 안 돼요. 그것을 먹고 얼마나 건강할 수 있느냐도 생각해야 하거든요. 우리 몸은 소중하니까요. 그래서 모든 학교급식엔 농약을 치지 않은 친환경 농산물이 공급되어야 하지요. 그렇게 하면 농부들도 농약의 위험성에서 벗어날 수 있어요. 서로 도우며 건강하게 살 수 있는 기회가 늘어나는 거예요.

 모든 식품에 방사능 함유량 검사하기

일본의 핵발전소 사고 이후 우리나라도 방사능으로부터 안전하지 않다는 세계 각국의 연구 결과가 있었어요. 특히 수산물의 경우 학교급식에 자주 오르는 고등어, 꽁치, 명태가 일본의 핵발전소 사고가 일어난 후쿠시마 인근 해역에서 잡힌다고 해요.

그런데 일본산 수산물이 팔리지 않자 일본산 수산물이 러시아산이나 원양산으로 둔갑해서 수입되어 학교급식에 쓰였다는 끔찍한 사건이 뉴스로 보도된 적이 있어요.

더구나 우리 어린이들이 좋아하는 간식 가운데 하나인 어묵은 동남아시아에서 들어온 어육으로 만들어요. 그런데 일본이 핵발전소 사고 이후 일본산 수산물을 태국이나 베트남에 헐값으로 수출을 하고 있대요. 우리가 베트남이나 태국산으로 알고 수입한 어육이 일본산이었던 거예요.

수산물뿐만 아니라 농산물도 마찬가지예요. 2011년 잠시 주춤했던 일본산 농산물 수입이 다시 재개되면서 우리나라 학교급식은 방사능에 무방비 상태가 되었어요. 우리가 많이 먹는 유명 업체 과자류에도 일본산 농산물이 '수입산'이라고만 표기된 채 버젓이 사용되었지요.

18세 미만의 성장기 아동과 청소년들은 하루에도 수백 개의 세포가 만들어져요. 그래서 어른들과 같은 양의 방사능 함유 식품을 섭취했을 때 그 영향이 무려 8배가 된다고 전문가들은 말해요.

이렇게 위험한 식품들이 우리 학교급식에 쓰인다고 상상해 보세요. 상상만 해도 너무 무서운 일이죠!

그래서 우리는 방사능으로부터 안전한 급식을 제공받기 위해 노력해야 해요. 학교급식 재료에 방사능 함유량을 조사하도록 말이에요.

3 유전자 조작 식품 금지하고, 식품 첨가물 조사하기

생산량을 높이기 위해 유전자를 조작해서 만든 농산물들이 있어요. 이런 농산물은 사람 몸에 좋지 않은 영향을 미칠 수 있다고 전문가들은 말해요. 또한 가공식품에는 맛이나 향을 좋게 하기 위한 인공 첨가물이 들어가 있어요. 이런 인공 첨가물을 오래 먹으면 아토피가 유발되거나 아토피를 악화시킬 수 있다고 해요.

우리가 먹는 학교급식에도 가공식품과 많은 양념류가 포함되어 있어요. 원재료는 눈에 보이지만 맛을 내는 양념류는 눈에 잘 보이지 않아요. 그래서 자칫 해로운 첨가물이 들어간 음식을 먹을 위험이 항상 도사리고 있지요. 그래서 우리는 유전자 조작 식품과 가공식품, 몸에 해로운 식품 첨가물로 양념한 급식이 나오지 않도록 다 함께 노력해야 하지요.

그래야 유전자 조작이 되지 않은 콩이나 옥수수, 해바라기로 만든 기름에 튀긴 안전하고 맛있는 돈가스를 먹을 수 있답니다.

4 친환경 무항생제 축산물 사용하기

평생 몸을 움직일 수도 없고 잠을 자지도 못하게 불을 켜 놓은 양계장에서 알만 낳는 암탉을 본 적이 있나요? 쇠로 만든 우리에 갇혀서 누운 채로 젖을 물리는 암퇘지들은? 아무리 식용으로 기른다고 해도 동물에게 최소한의 권리를 주어야 해요.

83

그래야 동물들이 병에 걸리지 않고 건강할 수 있어요.

풀을 먹어야 하는 소가 육식 사료를 먹어서 광우병에 걸리게 되었다는 사실은 모두 알 거예요. 그래서 이제 더 이상 원산지도 모르고 열악한 환경에서 자라는 고기들은 우리 학교급식에 나오지 않게 만들어야 해요.

"우리가 학교급식에서 먹는 쇠고기, 닭고기, 돼지고기는 건강한 환경에서 무항생제 사료를 먹고 자란 국내산이야."라고 말할 수 있게 말이에요.

 먹거리에 대한 권리 찾기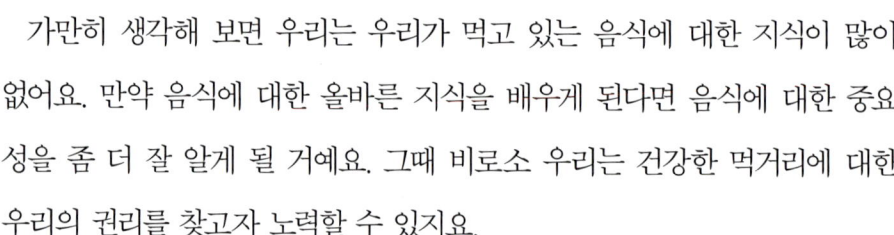

가만히 생각해 보면 우리는 우리가 먹고 있는 음식에 대한 지식이 많이 없어요. 만약 음식에 대한 올바른 지식을 배우게 된다면 음식에 대한 중요성을 좀 더 잘 알게 될 거예요. 그때 비로소 우리는 건강한 먹거리에 대한 우리의 권리를 찾고자 노력할 수 있지요.

그렇게 하기 위한 방법의 하나로 먹거리 교실을 운영하면 어떨까요? 이곳에서 우리가 왜 친환경 농산물을 먹어야 하는지, 우리가 먹는 과자에는 어떤 식품 첨가물이 들어 있는지, 생산량을 높이기 위해 만들어진 유전자 조작 식품은 정말로 우리 몸에 안 좋은지, 식품 첨가물이 어떻게 아토피나 알레르기를 일으키는지에 대해 배울 수 있어요.

또한 우리나라 전통음식이 얼마나 몸에 좋은지도 배울 수 있지요. 된장, 간장, 고추장에는 건강에 좋은 미생물들이 들어 있어요. 이 미생물들은 우리 몸의 면역력을 높여 주고, 우리 몸을 해독시켜 주지요. 우리 조상들은 현미경도 없는데 그걸 어떻게 알았을까요? 정말 신기하지요.

이렇게 앞에서 말한 다섯 가지를 학교급식에서 이루어 낸다면, 안전하고 건강한 급식을 누구나 먹을 수 있게 될 거예요. 우리는 이 땅을 책임지고 가꿀 미래의 기둥이니까 꼭 안전하고 건강한 급식을 먹어야 해요.

우리 급식이 세계 최고의 급식이 되려면, 학교와 정부, 학부모 그리고 우리 모두의 노력이 있어야 하지요. 학부모들은 건강한 급식 제안서를 만들어서 학교와 정부에 요구하고, 학교와 정부는 이 제안서에 귀 기울이고 서로 힘을 모아서 어떻게 하면 우리나라 급식을 건강하고 안전하게 만들 것인지 머리를 맞대고 힘을 모아야 해요.

4교시가 끝날 무렵, 대도시에 있는 초등학교에 다니는 6학년 현규는 배 속에서 벌써 '꼬르륵' 소리가 들리는 걸 느꼈어요. 늦잠을 자는 바람에 아침밥을 거르고 왔던 탓인지 현규는 오늘 배가 더욱 고파요. 더구나 오늘 급식 메뉴는 현규가 좋아하는 돼지갈비찜이거든요. 1층 급식실에서 갈비찜 냄새가 스멀스멀 올라오는 것 같아요.

"오늘은 우리 반이 늦게 먹는 날이야. 교실에서 순서를 기다리자."

선생님께서 떠드는 아이들을 향해서 소리치셨어요. 현규네 학교는 소란스러움을 막기 위해 반별로 순서를 정해서 급식실에 줄을 서요. 하필 오늘 현규네 반이 제일 꼴찌로 줄 서는 날이네요.

"선생님 2반 모두 갔어요."

꼬르륵 소리 나는 배를 문지르며 복도만 보고 있던 현규가 소리쳤어요.

"3반 급식실로 조용히 내려가자."

선생님이 말씀하시자 아이들이 재잘거리며 급식실로 갔어요. 어느 학교든지 점심시간이 하루 가운데 가장 활기찬 시간일 거예요.

"아이고 배고파라. 저 많이 주세요."

배가 고픈 현규는 2인분이라도 다 먹을 수 있을 것 같았어요.

친구들과 함께 먹는 즐거운 급식 시간이에요.

현규네 학교는 작년부터 친환경 급식을 시작했어요. 그래서 밥과 채소는 모두 친환경 농산물이 사용되지요. 하지만 아직 수산물의 원산지나 식품 첨가물에 대한 것은 알 수가 없어요. 다음 표는 현규네 학교의 급식 식단이

Mon	Tue	Wed 〈수다날〉	Thu	Fri
		1	2	3
•유치원 21식 •1-2학년 21식 •3-6학년 22식		자장밥①⑤⑥⑩ 단무지무침 고추잡채/꽃빵⑥⑩ 김치⑨ 요구르트②	흑미밥 유부된장국⑤⑥ 어묵채소볶음⑤⑥ 오리훈제①⑤ 김치⑨ 허니머스터드소스①⑤ 우유②	차조밥 소고기떡국①⑤⑥ 도라지오이생채⑤⑥ 삼치양념구이⑤⑥ 김치⑨ 우유②
6	7	8	9	10
흑미밥 김치콩나물국⑤⑥⑨ 단호박돼지갈비찜①⑤⑥⑩ 참나물된장무침⑤⑥ 김치⑨ 우유②	옥수수완두콩밥 감자크림스프②⑤⑥ 양상추샐러드①⑤⑥⑩⑫ 돈까스①②⑤⑥⑩⑫ 김치⑨ 우유②	잔치국수⑤⑥⑨ 탕수어①⑤⑥⑪⑫ 김치⑨ 호떡①②⑥ 과일 우유②	기장밥 닭곰탕⑧ 상추치커리무침⑤⑥ 오징어삼겹살불고기⑤ ⑥⑩ 김치⑨ 우유②	차수수밥 부대찌개①⑤⑥⑨⑩ 고등어김치조림⑤⑥⑦⑨ 바나나후르츠샐러드① ②④⑤⑪⑫ 김치⑨ 우유②
13	14	15	16	17
현미밥 콩가루배추국⑤⑥ 두부조림⑤⑥ 무초절이 제육볶음⑤⑥⑩ 김치⑨/우유②	검정콩밥⑤ 동태찌개⑤⑥ 청포묵무침⑤⑥ 소시지야채볶음②⑤ ⑥⑩⑫ 김치⑨/우유②	햄김치볶음밥②⑤⑥⑨ 다시마무국⑤⑥ 미트볼케첩조림②⑤⑥ ⑩⑫ 열무김치 과일 우유②	발아현미밥 아욱된장국⑤⑥ 쫄면①⑤⑥ 탕수육①⑤⑥⑩⑪⑫ 김치⑨ 우유②	석가탄신일
20	21	22	23	24
보리밥 알갈이배추된장국⑤⑥ 떡볶이⑤⑥ 임연수어카레구이⑤ 김치⑨ 우유②	강낭콩밥 조갯살미역국⑤⑥ 표고버섯계란찜①⑤⑥ 순대채소볶음⑤⑥ 김치⑨ 우유②	단호박크림스프②⑤⑥ 스파게티①②⑤⑥⑫ 그린샐러드⑫ 핫도그①②⑤⑥⑩⑫ 오이피클 과일 우유②	흑미밥 시금치된장국⑤⑥ 순살양념치킨④⑤⑥⑫ 깻잎절임⑤ 김치⑨ 우유②	기장밥 돼지등뼈감자탕⑤⑥⑨⑩ 쇠고기메추리알조림① ⑤⑥ 연두부⑤/달래양념장⑧⑨ 김치⑨ 우유②
27	28	29	30	31
잡곡밥 어묵국⑤⑥ 안동찜닭⑤⑥⑧ 콩나물무침⑤ 김치⑨ 우유②	율무밥 돈육김치찌개⑤⑨⑩ 알감자조림⑥ 생선커틀렛①⑤⑥ 김치⑨ 우유②	산채비빔밥⑤ 계란국①⑤⑥ 김치⑨ 참쌀깨배기①②⑤⑥ 과일⑤ 우유②	차수수밥 만둣국①⑤⑥⑩ 오이지무침 마파두부⑤⑥⑫ 김치⑨ 우유②	발아현미밥 콩비지찌개⑤⑨⑩ 노각무침⑤⑥ 버섯잡채⑤⑥⑧ 김치⑨ 우유②

이에요. 우리 학교급식이랑 무엇이 다른지 비교해 보세요.

그리고 위에서 알게 된 안전한 급식의 기준에 얼마나 맞는지 살펴보세요. 우리 학교의 급식에 쓰이는 재료들은 어디서 온 것인지 조사도 해 보고요. 더욱 안전한 급식을 위해서 우리가 해야 할 일이 무엇일지 생각해 본 뒤, 이야기 나누어 보는 시간을 가지면 더욱 좋을 거 같아요. 우리는 미래의 주인공이니까 건강하고 튼튼하게 자라야 하거든요. 우리는 건강한 급식을 먹고 튼튼하게 자랄 권리가 있어요.

먹거리에 대해
좀 더 알아보기

세계 음식 체계

이 책은 학교급식에 관한 책이자 세계 음식 체계에 관한 책이기도 해요. 세계 음식 체계는 많은 연결 고리가 있어요. 마치 우리 몸이 운동할 때 연결되는 부위처럼 말이에요. 예를 들어 농업의 어려운 현황, 세계적인 빈곤, 식생활 관련 질병, 먹거리가 환경에 미치는 영향 등이 특히 그렇지요. 이런 문제들을 건드리지 않고서는 먹거리에 대해 이야기할 수 없어요.

여러분이 이 책에서 살펴본 각 나라의 학교급식은 일종의 렌즈 역할을 합니다. 학교급식을 통해 먹거리 관련 문제와 현상을 확대해서 명확하게 보여 주거든요. 전 세계 어린이들이 각각 다른 것을 먹고 있지만 몇 가지 중요한 문제는 똑같다는 걸 알게 되지요.

패스트푸드 문화

우리는 언제 어디서나 방부제로 뒤범벅된 건강하지 않은 가공식품 광고를 볼 수 있어요. 이 광고들은 어른이나 어린이들 모두에게 노출되어 있지요. 텔레비전, 인터넷, 영화, 게임, 길거리는 물론이고 심지어 학교에서도 볼 수 있어요. 이런 식품을 만드는 다국적 기업이 가진 힘과 그 힘이 미치는 범위는 깜짝 놀랄 정도예요. 패스트푸드는 이제 범세계적인 문화가 되었어요.

영양 전이

패스트푸드 문화가 미치는 영향력이 커지고, 국가들이 더욱 도시화되고 부유해지면 사람들은 전통 식단을 버리게 됩니다. 대신 육류와 유제품, 가공식품을 더 선호하게 되지요. 그 결과 영양소가 부족한 먹거리를 많이 먹어 생기는 새로운 유형의 영양실조인 비만 현상이 생겨나고 있어요. 전문가들은 이런 현상을 '영양 전이'라고 불러요.

먹거리 구매의 세계화

50년 전만 해도 2월에 캐나다 학생들의 도시락에서 딸기를 볼 수 없었어요. 또 일본에 살면서 브라질산 쇠고기를 먹을 수도 없었지요. 하지만 제2차 세계 대전 이후 먹거리 생산 기술이 발전되면서 모든 것이 바뀌었어요. 기계와 비료, 농약, 유전자 조작 품종이 소규모 농장을 대규모로 빠르게 바꾸어 놓았어요. 또한 운송 체계의 발전은 먹거리를 더 빠르고 신선하게 나를 수 있게 했고요. 여기에 인공적인 식품 첨가물과 방부제까지 더해져서, 우리가 원할 때면 언제 어디서나 원하는 것을 모두 먹을 수 있게 되었지요.

먹거리 관련 문제점

과거에 비해 요즘은 비만, 영양실조 등 식생활 관련 질병이 늘어났어요. 이런 현상은 거의 모든 나라에서 살펴볼 수 있어요.

또한, 농작물 생산과 운송 등 먹거리 체계 자체에 연료가 많이 필요하게 되면서 선진국에 더욱 유리하게 되었어요. 농업의 발전 혜택을 보지 못하는 전 세계 빈곤층의 수는 10억 명으로 주로 개발 도상국에 몰려 있어요. 경제적 혼란과 밀, 옥수수, 쌀 같은 주로 먹는 곡물 가격의 상승으로 식량 위기는 더욱 커졌어요. 빈곤층이 먹거리 보장이 제대로 되지 않는 상태에 내몰리게 된 것이지요.

이젠 먹거리가 환경에도 커다란 영향을 미쳐요. 캐나다 학교에서 나오는 포장재 쓰레기와 음식물 쓰레기의 양은 어마어마합니다. 쇠고기를 많이 팔기 위해 목장을 증축하느라 아마존 열대 우림을 파괴하는 것도 환경에 큰 영향을 미치지요. 유엔 식량농업기구(FAO)에 따르면 가축 부문에서만 전 세계 온실가스 배출량의 18퍼센트가 배출되고 있다고 해요.

학교급식을 건강하게 하려면

학교급식과 먹거리 체계를 되살리기 위해 노력하고 있는 건 좋은 소식이에요.

프랑스 학교에서부터 페루 학교에 이르기까지 그리고 케냐의 학교 텃밭에서 미국의 학교 텃밭에 이르기까지 우리는 다양한 사례들을 볼 수 있어요. 이들은 학교 식당에서 더 영양가 있는 먹거리를 제공하기를 요구하고 있어요. 또한 패스트푸드 광고를 금지하기 위해 많은 노력을 하지요. 텃밭을 가꾸고, 어린이 환경 단체를 만들고, 건강한 식사에 많은 관심을 기울이며, 학교 식당에 로컬 푸드를 이용하라고 주장하고 있지요.

　　먹거리는 세계 시장에서 거래되는 상품 이상의 것입니다. 모든 사람은 건강하게 먹을 권리가 있어요. 이 운동들이 이상적으로 이루어지면 우리는 새로운 문화를 만들어 낼 수 있어요. 먹거리를 먹고 기르고 나누면서 전통과 역사, 문화, 공동체를 존중할 수 있게 될 거예요.

용어 설명

가공식품
포장, 저장, 운송을 용이하게 하기 위해 어떤 식으로든 처리, 변화, 조리된 식품.

강화
식품에 포함된 비타민, 미네랄, 단백질 같은 영양소의 함량을 높이는 것.

개발 도상국
국민들의 기본적인 필요를 충족시킬 자원이 적은 저소득 국가 혹은 중간 소득 국가.

결핍증
철분이나 요오드 같은 영양소가 모자라는 상태. 철분 결핍은 빈혈을, 요오드 결핍은 요오드 결핍증을 초래함.

기후 변화
전 세계적인 날씨의 변화. 특히 지구 온난화를 가리킴.

농산물 원자재
대두나 옥수수처럼 가공되지 않거나 부분적으로 가공된 먹거리. 전 세계 시장에서 기본 가격이 결정됨.

단백질
모든 세포의 성장, 회복, 유지를 위해 몸이 필요로 하는 필수 영양소.

당뇨병
피에 당분이 지나치게 많아지는 병. 식생활과 관련이 있음.

먹거리 보장 · 식량 안보
먹거리가 이용 가능한 정도와 그것에 접근할 수 있는 상태를 나타냄.

비만
의학적으로 심각한 과체중 상태.

먹거리 정의
먹거리가 기본적인 인권이 되어야 하며 모든 사람이 건강을 유지하기에 충분한 먹거리를 섭취할 수 있도록 사회가 조직되어야 한다는 개념.

바이오 연료
옥수수, 대두, 밀 같은 식물성 재료로 만들어지는 연료.

방부제(보존제)
식품이 상하는 것을 막기 위해 사용되는 화학 물질을 주로 가리킴.

배급
긴급 상황에서 사람들에게 정해진 종류의 먹거리를 제한된 양만 배분하는 것.

보조금 지급
정부가 돈을 제공하는 것. 학생들이 학교급식을 경제적 부담 없이 손쉽게 이용할 수 있도록 돕기 위해 정부가 돈을 지급하는 것이 그 예임.

빈곤
가난으로 음식, 주거지, 교육, 소득이 부족한 상태. 개발 도상국에서는 하루에 미화 1.25달러 미만의 소득으로 사는 사람들을 가리킴.

삼림 파괴
삼림을 벌채하는 것. 특히 소 목장을 만들기 위해 열대 우림을 벌채하는 것을 가리킴.

생활협동조합 (생협)
모든 회원이 지분을 보유하고 운영에 참여하는 상점이나 집단 혹은 조직.

세계식량계획(WFP: World Food Programme)
전 세계적으로 식량 원조를 필요로 하는 사람들을 돕는 일에 헌신하고 있는 유엔 기구.

식이섬유
곡물, 과일 등 특정 식품의 일부로 소화 기능을 향상시켜 주는 것.

선진국
국민 대부분의 기본적인 필요(먹거리, 주거지, 교육, 의료, 소득)가 충족되는, 상대적으로 부유하고 기술이 발달한 나라.

식품 첨가물
식품에 어떤 변화, 예를 들어 더 달콤하게 하기 위해 첨가하는 것.

영양소
사람이 건강을 유지하기 위해 섭취해야 하는 것으로 단백질, 미네랄, 비타민 등이 있음.

영양실조
음식을 충분히 먹지 못했거나 건강하지 못한 음식을 먹어서 생기는 심각한 건강 상태. 비슷한 개념인 영양결핍은 영양가 있는 음식이 부족하여 허약하거나 건강하지 못한 상태를 가리킴.

온실가스
지상에서 만들어진 후 대기 중에 집적되어 지구 온난화에 기여하는 이산화탄소나 메탄 같은 가스들.

유엔(UN : United Nations)
전 세계의 평화와 안전을 진전시키는 데 헌신하며, 생활 수준, 인권, 형평성 향상을 지원하는 국제기구.

주식
한 국가 식단에서 근간이 되는 식품.

유기농
화학 물질이나 농약을 사용하지 않고 생산된 먹거리.

지속가능한
환경에 미치는 영향을 최소한으로 한 채 오랜 기간 동안 계속될 수 있는.

자연식품
가공이나 정제가 되지 않았으며 식품 첨가물이 들어 있지 않은 식품. 신선한 채소와 곡물.

칼로리
식품이 제공하는 열량을 측정하는 단위.

푸드 마일
생산지에서 식탁까지 먹거리가 이동하는 거리. 우리가 먹는 먹거리가 환경적, 사회적, 경제적으로 어떤 영향을 미치는지 보여 주기 위해 계산됨.

저소득층
벌어들이는 돈이 아주 적은 사람을 가리킴.

더 공평하게 더 건강하게
세계 학교급식 여행 (원제: What's For Lunch?)

안드레아 커티스·오진희 글 | 소피 캐손 그림 | 이본 데이핀푸어던 사진

초판 발행일 2013년 6월 5일 | **제6쇄 발행일** 2025년 5월 8일
펴낸이 조기룡 | **펴낸곳** 내인생의책 | **등록번호** 제10-2315호
주소 서울시 서초구 서운로6길 21-7 101-7호
전화 (02)335-0445, 335-0445(편집) | **팩스** (02)6499-1165
전자우편 bookinmylife@naver.com | **홈카페** http://cafe.naver.com/thebookinmylife
편집 우석영 이다겸 | **디자인** 안나영 김지혜 | **경영지원** 조하늘

What's For Lunch?
Text copyright © 2012 Andrea Curtis
Photographs copyright © 2012 Yvonne Duivenvoorden
All rights reserved.
Original English edition published by Red Deer Press, A Fitzhenry & Whiteside Company
Korean translation © 2013 TheBookInMyLife Publishing Co.
Korean translation rights arranged with Red Deer Press through Orange Agency

이 책의 한국어판 저작권은 오렌지에이전시를 통해 저작권사와 독점 계약한 내인생의책에 있습니다.
저작권법에 의해 한국 내에서 보호를 받는 저작물이므로 무단전재와 복제를 금합니다.

ISBN 978-89-97980-39-0 74300
(CIP제어번호: CIP2013007389)

* 책값은 뒤표지에 있습니다.
* 잘못된 책은 구입처에서 바꾸어 드립니다.

어린이제품안전특별법에 의한 제품 표시
제조자명 내인생의책 | **제조년월** 2016년 7월 | **제조국** 대한민국 | **사용연령** 8세 이상 어린이 제품
주소 및 연락처 서울시 영등포구 당산로41길 11 SKV1 Center W동 1801호 02)335-0449